아미타불 일념이
완전한 깨달음이다

항순스님 법문

국보 제313호 강진 무위사 극락전 아미타여래삼존벽화

아미타불 일념이
일승법一乘法이다

나도 맹세코
부처님 되어
무량한 광명과
수명 구족하여
법왕 이루리!

생사바다
괴로운 중생
모두 건져내
수승한 극락정토
함께 즐기리!

석가모니 부처님께서 평생 설법하신 경전 가운데 빠르고 쉽게 중생의 괴로움을 해탈케 해주시는 실질적

법문이 바로 아미타경입니다.

공경을 다해 아미타불을 믿고 의지해서 극락정토에 태어나기를 발원해야 함을 신신당부하셨는데, 왜 그토록 아미타불의 정토에 왕생해야 함을 강조하신 것일까요?

그것은 불보살님의 위신력이 아니고는 중생으로서 자력自力으로 성불할 이는 만 사람 중 일인도 나오기 어려움을 아시고 계셨기 때문입니다.

아미타불께서 과거세 십겁 전 법장 비구로 계실 때 세우신 광대한 48대원 가운데 제18원이 십념왕생원입니다.

지성으로 아미타불 명호를 열 번만 불러도 극락으로 왕생케 하신다는 서원입니다.

아미타불의 위신력으로 반드시 왕생하게 되고, 한번 왕생하게 되면 '불퇴전'이라는 두 번 다시 중생계로 타락하는 일이 없기 때문입니다.

극락정토의 훌륭한 장엄은 유무의식을 초월한 아미

타불의 불가사의한 무량공덕과 원력으로 이뤄진 실제의 세계이므로, '나'라는 의식이 남아있는 중생으로서는 이해하기 쉽지 않습니다.
결정적 믿음의 바탕 위에 올라서야 불가사의한 묘경妙境을 깨닫게 됩니다.

당나라 선도善導대사는 "아미타불 일념은 범부가 곧바로 미혹의 세계를 떠나 극락정토에 이르러 급속히 성불하는 까닭에 정토법문을 순수한 돈교頓敎(속히 깨닫는 가르침)라 하고, 일체중생이 다 이 왕생법往生法을 통하여 성불하므로 '아미타불 일념'을 일승법一乘法이라 하며, 즉각 위없는 열반을 증득하므로 돈중지돈頓中之頓(깨달음 가운데 가장 빠른 깨달음)이다." 하였습니다.

일념은 깨달음의 실체요,
곧 모든 것이기 때문입니다.

관무량수경에서 석가세존께서는 제자 아난이 "세존

이시여! 이 경을 어떻게 이름하오며, 법문의 요긴한 뜻을 어떻게 받아 지녀야 하겠습니까?" 여쭈니 "이 경의 이름은 극락세계의 아미타불, 관세음보살, 대세지보살을 관하는 경이라 하고, 또는 업장을 말끔히 없애고 부처님 앞에 태어나는 경이라" 하셨습니다.

"잘 알아 두어라! 매양 부처님을 생각하는 사람은 인간 가운데 가장 순결한 연꽃이니라. 관세음보살과 대세지보살은 그의 좋은 친구가 될 것이며 그는 항상 진리를 떠나지 않고 필경에 부처를 이루느니라." 부처님께서는 거듭 아난에게 말씀하셨습니다.
"그대는 이와 같은 말을 잘 지녀야 하느니라. 이러한 말이란 다름이 아닌 바로 아미타불의 명호를 간직하는 일이니라" 하셨습니다.

아미타불을 예찬하는 말씀에 "세 가지 마음을 갖추고 지성으로 염불하면 반드시 극락왕생하게 된다" 하셨으니,

세 가지 마음이란,
간절한 정성의 마음(至誠心)과
부처님을 깊이 믿는 마음(深心)과
나의 공덕을 남에게 회향하는 마음(回向心)입니다.
성심으로 아미타불, 관세음보살, 지장보살님을 향한
일념 이루시길 바라고 또 바랍니다.

모쪼록 모든 이들이 이 아미타경과 좋은 인연이 되
어서 아미타불, 관세음보살, 지장보살님의 자애로운
손길 닿기를 거듭거듭 기원 올리나이다.

나무 아미타불
나무 관세음보살
나무 지장보살

불기 2560(2016) 병신년 오월 보름 미타재일
태화산 마곡사 내원암 항순恒順

일칭나무불 개이성불도
一稱南無佛 皆已成佛道

어떤 사람이 산란한 마음으로 탑묘에 들어가
'나무불南無佛' 하고 한 번 불러도
다 이미 불도를 이룩했느니라.
-법화경 '방편품'

부처님 마음속에 자기가 있음을 안다면,
자기 마음 전체가 부처님과 다름이 없으므로,
일거수일투족이 모두 '부처님 행'이 되리라.
이른바 "일념으로 믿음이
바로 보리를 증득함"이다.
따라서 말 한마디 한마디가
모두 불도를 성취함이라는
지적이 결코 헛된 말이 아니다.
-감산대사 '법화경통의'

목 차

1. 아미타불 일념은
완전한 깨달음이다

극락왕생을 발원해야
생사윤회를 벗어난다

석가모니 부처님께서는 아미타경에서 극락세계의 장엄과 무량공덕을 말씀하시고, 그곳에 태어나기를 발원해야 함을 신신당부 하셨습니다.

모든 경이 제자들의 물음에 따라 말씀하신 반면, 아미타경은 석가모니 부처님께서 스스로 저 훌륭한 극락세계가 있음을 친절히 말씀해 주시고 계십니다.

중생들로서 영원히 밝게 깨어있는, 지혜와 복덕이 충만한 청정 광명의 세계를 알지 못하기 때문입니다.

큰 깨달음만이 고해를 벗어나는 길이요, 그렇지 못하면 스스로 지은 업연에 이끌려 괴로움이 뒤따르게 됩니다. 부처님께서 그토록 해탈문을 열어 주셨음에도 미혹함이 심한 중생들은 수행하여 깨닫기 어렵고 자력自力으로 득도함은 더욱 드뭅니다.

그래서 석가모니 부처님께서는 매우 자세하게 아미타 부처님의 무량공덕과 극락국토의 훌륭한 장엄 등을 말씀하셔서, 중생들로 하여금 빠르고 쉬운 방법으로 고해를 벗어나도록 해 주셨습니다.

극락세계는 오직 즐거움만이 충만한 세계며 아미타불의 대광명이 무량하므로 시방법계를 두루 비추되 일체 장애가 없다 하셨습니다.

또한 허공계의 모든 부처님께서 오로지 아미타불 극락국토를 함께 찬탄하시고 극락왕생 발원자들을 늘 보호해 주심을 꼭 믿어야 하며, 염불행자는 내세에 극락 왕생하기를 발원해야 함을 말씀하십니다.

주야로 7일간 '나무아미타불' 명호를 부르면 임종에 많은 성중을 거느리시고 오셔서 염불행자를 극락정토에 태어나게 하시어, 다시는 윤회 고통이 없게 된다 하셨으니, 가히 수행 가운데 제일입니다.

반드시 법계의 모든 중생들이 '나무아미타불'이라는 행복선박 '미타선彌陀船'을 타야 합니다.
영원히 고해를 뛰어넘는 '안양선安養船'이니 이보다 더 좋은 환희는 없습니다.
모든 중생중생이 마땅히 타고 건너 가야할 깨달음의 배입니다.

염념에 나무아미타불
염념에 관세음보살
염념에 지장보살
최상의 행복선幸福船입니다.

일상에 늘 "부처님을 향한 간절한 일념"으로 부처님

을 떠올려, 아미타불 관세음보살 지장보살님을 눈앞에서 친견하듯 하면 만 가지 일이 절대 긍정적 세계로 열리게 됩니다.

나무 아미타불
나무 관세음보살
나무 지장보살
세 분의 명호는 인류와 이 행성이 사라지는 그날까지 유일한 희망입니다.

삼계화택 벗어나기
정토문이 제일이고

생사바다 건너기는
미타선이 제일일세

바다보배 천가지나
여의주가 으뜸이고

의약방문 만품이나
무우산이 으뜸일세
(無憂散: 근심 없는 약)

팔만사천 방편문에
문문마다 다들어도

생사윤회 빨리벗고
불법성에 바로감은
미타명호 으뜸일세
나무 아미타불
-항순스님 편저 『관음예문』 중에서

저 극락정토에는 다시는 윤회가 없고 또한
이미 불퇴전不退轉하여 곧바로 성불하게 된다.
만일 저 국토에 나서 빨리 성불 못 하는 경우라도
곧 이 성불하는 사다리가 된다. 이야말로
이 한 사람을 권하여 정토를 수행하게 함은
이 한 중생을 성취하여 부처가 되게 함이라.
-용서龍舒거사 '정토문淨土文' 중에서

아미타불 찬탄송

서방정토 극락교주 아미타 부처님이시여!

發 四十八之誓願 願願度生
마흔 여덟 가지 광대한 서원을 세우사
낱낱의 서원마다 모든 중생 제도하시옵고

開 一十六之觀門 門門攝化
열여섯 가지 극락세계의 장엄을 관하는 문을 열으사
낱낱의 문마다 정토로 이끌어 주시옵니다.

救濟溺者 越苦海之迅航
고통에 빠진 이를 건지사
고해를 건너가는 가장 빠른 자비의 배이옵고

指導迷人　出輪廻之捷徑
생사의 험로를 헤매는 중생을 바로 이끄시니
윤회를 해탈하는 첩경이옵니다.

高超三界　逈出四類
높이 삼계를 뛰어넘고
멀리 사생을 벗어나게 하시사

十方接引諸群生　九品護持如一子
삼계의 모든 생명들 극락으로 이끄시옵고
당신의 아들, 딸 깊은 사랑 주시옵니다.

六字法門　不墮三途
'나무아미타불' 여섯 자, 위대한 깨달음의 광명이여!
삼악도에 빠지는 일 결정토 없사오며

五濁惡世　獨留百年
오탁악세 삼재겁의 재앙으로 불법佛法 사라져도
오직 정토 아미타경만이 고해중생 건지시옵니다.

慈光照處　地獄爲之崩壞
아미타불의 대자비 대광명이 비추는 곳엔
지옥이 무너지고

聖號之時　天魔爲之悚懼
아미타불 부르는 곳엔
마귀무리 두려워 달아나리라

不思議佛力　無障碍神通
헤아릴 수 없는 아미타불의 위신력이여!
일체 걸림 없는 위대한 신통이여!

一聲能滅　八十億劫　生死重罪
아미타불 한소리에
팔십억겁의 생사중죄 소멸하고

一聲能獲　八十億劫　殊勝功德
아미타불 한소리에
팔십억겁의 수승한 공덕 얻게 되네!

三途路上教 箇箇廻程
삼악도의 고통길에 정토법문 내리사
낱낱 바른길로 돌아오게 하시옵고

九品之邊 使人人進步
극락정토 구품연못가 사람들
한가로이 거닐며 즐기네.

六方共讚 十刹同宣
동서사방과 위아래 모든 부처님께서 함께 칭찬하시
고 시방의 모든 나라에서 이구동성 찬탄하시네.

稱讚淨土 阿彌陀經
정토법문 말씀하신 아미타경 으뜸이라 칭찬하시네!
석가세존 말씀하신 아미타경 으뜸이라 찬탄하시네!

- 운서주굉, '불설아미타경소초'

간청을 기다릴 여유가 없었던 것이다.

오직 힘이 미치지 못할까만 걱정한 까닭에 생사를 가로질러 절단하고 급히 중생을 구원하시니,

부처님이 큰 자비로 이 정토문을 열어

해탈과 선정을 매우 얻기 어려우니,

말세 중생은 근기가 우둔하고 장애가 깊어

세상을 구함이 가장 시급하다(救世最急)는 것은

南無阿彌陀佛

불가사의한
고성염불과
수지독경의
공덕·위신력

고성으로 염불하고
경전을 독송하는
수행에 열 가지 공덕이 있나니,
잠을 내보내고
마군이 놀래 두려워 하고
소리가 사방에 가득 퍼지고
삼악도의 괴로움이 쉬며
바깥 소리가 섞여 들어오지 못하고
마음이 흩어지지 않게 하며
용맹한 마음으로 정진하게 하며
제불께서 기뻐하시며
항상 삼매가 현전하고
극락정토에 태어나느니라.
- 업보차별경

고성염불 십종 공덕

힘차게 염불하면 10가지 공덕이 있습니다

1. 잠을 이겨 성불하니 염불수행 으뜸이요
2. 천마외도 달아나니 염불수행 으뜸이요
3. 좋은기운 두루하니 염불수행 으뜸이요
4. 지옥고통 모두쉬니 염불수행 으뜸이요
5. 번뇌망상 사라지니 염불수행 으뜸이요
6. 청정일념 들어가니 염불수행 으뜸이요
7. 용맹정진 나아가니 염불수행 으뜸이요
8. 불보살님 기뻐하니 염불수행 으뜸이요
9. 정신통일 성취하니 염불수행 으뜸이요
10. 극락세계 왕생하니 염불수행 으뜸이요

연수대사 사료간 延壽大師 四料簡
(네 가지 중요한 요점)

1. 유선무정토 有禪無淨土
참선수행만 닦고
아미타불 염불수행을 하지 아니하면

십인구차로 十人九蹉路
열 사람 가운데 아홉 사람이
생사해탈에 실패하니

음경약현전 陰境若現前
임종시 생전에 지은
죄업의 경계가 망인 앞에 나타나면

별이수타거 瞥爾隨他去
별안간 스스로 지은 죄업을 따라가게 된다

2. **무선유정토** 無禪有淨土
   참선수행을 않더라도 염불수행을 힘써하면

   만수만인거 萬修萬人去
   일만 사람이 아미타불 염불하면
   일만 사람 모두 극락왕생하리니

   단득견미타 但得見彌陀
   극락왕생하여 아미타불 친견하기만 하면

   하수불개오 何愁不開悟
   어찌 깨닫지 못할까 근심하리요!

3. **유선유정토** 有禪有淨土
   참선수행과 염불수행을 같이하면

   유여대각호 猶如戴角虎
   이는 마치 뿔 달린 호랑이 같아

현세위인사 現世爲人師
현세에선 남의 스승이 되고

내생작불조 來生作佛祖
다음 생엔 부처나 조사가 되리라

4. **무선무정토 無禪無淨土**
일생에 참선수행과
아미타불 염불수행이 전혀 없다면

철상병동주 鐵床並銅柱
지옥의 시뻘건 쇠침대 눕고 불기둥 껴안아

만겁여천생 萬劫與千生
만겁의 유구한 시간과 천생의 끝없는 세월토록

몰개인의호 沒箇人依怙
그대를 해탈시켜 줄 사람 하나 만나지 못하리라

*네 가지 중요한 요점, '사료간'을 지으신 연수대사 (904~975)는 중국 송나라의 선승으로 석가모니불의 위대한 생사해탈을 실제로 체득한 법안종의 제3대 종조이자, 정토종(극락왕생을 기원하는 종파)의 6대 조사입니다.

대사는 어릴 때부터 불심이 남달라 물고기 등을 사서 양자강에 자주 방생하였고, 28세에 추암 선사 문하에서 승려가 되고 용맹정진으로 죽음을 무릅쓰고 수행하여 마침내 생사해탈의 깨달음을 성취하였습니다.

천태 지자암에서 법화경으로 다생의 죄업을 참회하니 관세음보살님으로부터 감로수를 입에 받아넣고는 뛰어난 변재를 얻어 종경록 100권, 만선동귀집 6권 등을 저술하였습니다.

고려의 광종은 대사의 기르침에 감화되어 제자의 예를 받들어 사신을 보내 편지와 함께 비단 가사, 자수정 염주, 금 물병 등을 올렸습니다.

*송나라 연수대사의 사료간은 이 미혹 세계에 아미타불의 대광명을 쏟아 부어주신 해탈세계로의 인도문으로 참으로 간과할 수 없는 엄중한 말씀입니다.

수행정진 끝에 얻어지는 성불이 얼마나 어려운가를 말씀하시고 미혹 중생으로서 생사의 늪을 벗어나기는 거의 불가능하니 오로지 아미타불의 본원력을 의지해 극락왕생을 성취하여 영원히 고해를 벗어나기를 간절히 일러주고 계십니다.

"아미타불" 일념수행으로 영겁의 고해를 건너소서!

마음으로부터 경계를 나타냄에 경계 그대로가 곧 마음이요,
소所(객관)를 포섭하여 능能(주관)에 돌아가매
타他가 곧 자自인 것이다. 그러므로 고덕이 이르기를
"만일 마음과 경계가 둘이라고 고집하여도 이것과 저것은
둘이 아니니 마음 밖에 따로 육진경계가 없는 까닭이요,
만일 하나라고 고집해도 이것과 저것은 또한 하나인 것도
아니다. 왜냐하면 반연함이 없지 않은 까닭이다" 하였다.
또 유마경에는 "제불의 위신력으로 건립된 것"이라 하였다.
-영명연수선사 '만선동귀집'

욱면郁面낭자, 몸을 잊다

신라 경덕왕(재위 742~765) 때, 아간(신라시대의 17관등 가운데 여섯째 벼슬) 신분이었던 사대부 귀진貴珍의 집에 욱면이라는 노비가 살았는데 불심이 깊었다.

주인이 절에 갈 때 같이 가고자 하였으나 귀진은 못마땅하게 여겨 못 오게 할 양으로 매일 벼 두 섬씩을 내주며 저녁내 찧도록 하였다.

계집종 욱면낭자는 절에 가서 기도하고픈 간절함에 밤 늦게야 방아를 다 찧고 한밤중에 절에 도착하여 기도에 동참하였다.

날마다 고된 일과 아미타불 염불기도를 게을리 아니하고 밤낮으로 더욱 분발하더니, 마침내 법당 뜰앞 양쪽에 말뚝을 박고는 두 손바닥을 꿰뚫어 노끈으로

묶어매고 쏟아지는 졸음을 이겨내며 오로지 나무아
미타불 일념의 삼매를 성취하였다.

무서운 정진력이 하늘에 닿자, 허공에서 찬탄의 음
악이 흐르고 도량에 미묘한 향내가 가득하였다.

위의 내용은 삼국유사에 실려 있는 노비 욱면(밝을
욱郁, 얼굴 면面) 낭자에 관한 글입니다.

극락왕생을 권하는 노래 〈권왕가〉에, "풍기 땅의 계
집종은 삼생 전에 중이 되어 고성 건봉사 만일기도
(27년) 중에 별좌(사찰소임)하다 죄를 짓고, 순흥(영주)
땅에 암소 되어 지은 죄를 갚은 뒤에 삼 생만에 종
이 되어 미타도량(부석사) 공급하고 육신등공(육신채로
하늘로 오름) 왕생하니"라는 내용의 글이 있습니다.
(내원암 발행본 아미타경 184쪽)

내용인 즉, 신라 영주지역의 사대부 귀진의 집에 노
비로 태어난 욱면은, 삼생 전에 강원도 고성 건봉사

　　승려로써 대중을 외호하는 일을 맡아보다 지은 죄업으로 영주 땅에 황소 몸을 받았으며, 삼생 동안 부석사의 일을 하고 등에 불경佛經 책을 실어나른 공덕으로 다시 계집종으로 태어나게 되었는데, 그가 욱면이라는 이야기입니다.

　　욱면 낭자는 9년간 '나무아미타불' 염불정진의 원력으로 하늘에 올라 극락왕생하였으니

　　옛 사람이 찬탄하여 글을 남기길,

　　"부처님 도량의 향촉은 밤낮 꺼지지 아니하는데
방아 찧고 절에 오니 한밤중이네
양 손바닥 꿰뚫어 성불한 욱면의 염불소리여!
육신을 잊어버린 저 지극함이여!
정토淨土가 목전에 펼쳐지도다."

나무아미타불

南無阿彌陀佛

염불할 때의 지극히 간절한 마음가짐은
갑자기 애통하게 돌아가신 부모상(喪)을 만난 때와 같이
자기 머리에 붙은 아주 뜨거운 불을 끄려는 생각과 같이
매우 배가 고플 때 먹을 것을 간절하게 생각하는 것 같이
태양이 이글거리는 불타는 사막에서 목마를 때와 같이
엄청나게 아픈 중병이 났을 때에 급하게 약을 찾는 것과 같이
엄마가 어디 있는지 몰라 아이가 어머니를 찾는 것과 같이
억울하게 감옥에 갇혔을 때에 나오기를 바라는 생각과 같이
철천지 원수가 죽이려고 따라올 때에 피하려는 것과 같이
물에 빠져 숨을 못쉬어 곧 죽을 것만 같을 때와 같이
집안에 큰 불이 나서 급히 자식을 구해야 할 때와 같이
닭이 알을 품었을 때, 온도가 떨어지지 않게 하려는 것과 같이
고양이가 쥐를 잡을 때 절대로 다른 곳을 보지 않고 집중하는
것과 같이 하여야 할 것이다.
- 연종집요

2005년 5월 20일 중국
해남성海南省 상공에서
촬영된 부처님(佛身)

보살菩薩의 대서원大誓願

불교의 궁극적 지향처는
깨달음을 이루는 성불에 있습니다
괴로움을 만들어 내는 생사윤회의 고리를 완전히 끊
어내는 것입니다.

미혹의 생사바다에서 탈출한다는 것은 극히 어려운
문제이기에 불보살님의 위신력을 입지 아니하고는
거의 불가능합니다.

그러기에 우리는 큰 서원과 발원을 세우시고 중생을
이끄시는 부처님의 대자비 원력을 받아야만 합니다.

서원誓願은 중생구제를 위해
맹세의 원을 일으켜 '기필코 해내리라'는 마음이며,
발원發願은 모든 서원의 바탕이 되는 원대한 뜻을

일으키는 마음입니다.

오로지 중생들의 고통을 안락케 해 주는데 그 목적
과 정신이 있을 뿐입니다
이러한 원대한 발원의 힘은 자비심에서 우러나오고
그 자비심은 아낌없는 사랑으로 이끌어 주고 가여워
덮어주는 보살심에서 출발합니다.

저 법화경의
제도되지 아니한 자를 제도하고
해탈되지 아니한 자를 해탈케 하고
안락하지 아니한 자를 안락케 하고
열반에 들지 아니한 자를 열반에 들게 한다는
큰 마음이 불보살의 넓고도 깊은 발원과 서원입니
다.

서원은 자신의 성불보다 중생을 제도하겠다는 염원
이 뚜렷하므로 마음엔 온통 '고통을 없애고 즐거움
을 주겠다'는 발고여락拔苦與樂의 의지만이 있을 뿐

입니다

이것이, 나와 둘이 아닌 모두에게 똑같이 깨달음을 얻게 하겠다는 위대한 대평등의 보살심입니다.

이 숭고하고 원대한 마음은 한결같이 중생구제를 위한 대자비의 맹세로 가득차 있으므로, 사람으로서 품을 수 있는 가장 수승한 정신이라 할 것입니다.
이 거룩한 서원의 정점에 아미타불, 보현보살, 관세음보살, 지장보살님께서 계십니다.

위대한 성불은 발심으로부터 시작되고 발원이 없는 행복은 결코 있을 수 없다는 사실을 우리는 분명히 알아야 합니다.

관세음보살님과 지장보살님은 일체 생명의 자애로운 어머니시기에 흠모하여 닮는다면 가히 으뜸가는 삶을 사는 사람이라 할 것입니다.

품고 있는 믿음과 발원의 견고함에 따라서 스스로의 복력도 점점 더하게 되니 좋은 마음은 하늘의 보답 이 따르게 됩니다.

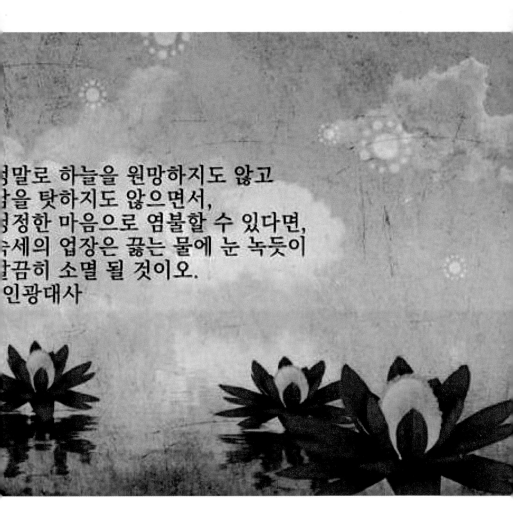

말로 하늘을 원망하지도 않고
을 탓하지도 않으면서,
정한 마음으로 염불할 수 있다면,
세의 업장은 끓는 물에 눈 녹듯이
끔히 소멸 될 것이오.
인광대사

2. 모두 행복한
깨달음의 삶

아미타불 일념이 완전한 깨달음이다

큰 깨달음

천지가 나와 더불어 한 뿌리요
만물이 나와 더불어 한 몸이라

한 티끌 속에 허공 세계가 들어 있고
각각의 개체마다 허공 세계가 또한 갖춰 있으니

종縱으로 시간을 넘어버리고
횡橫으로 공간을 걷워버림이라

위없는 깨달음의
대광명 대지혜가 원만구족 하셨으니
이가 대각 법신法身 비로자나불이시라

공생대각중 空生大覺中
태허공은 큰 깨달음 속에서 생겨났으니

여해일구발 如海一漚發
바다에서 일어난 하나의 물거품과 같다

유루미진국 有漏微塵國
미혹의 티끌같은 중생 세계가

개의공소생 皆依空所生
모두 태허공을 의지해서 생겨난 바이나

구멸공본무 漚滅空本無
물거품이 사라지듯 태허공은 본래 없는 것이다

황부제삼유 況復諸三有
하물며 욕계 색계 무색계의 중생계가 어찌 있을 것
인가!

참으로 활달한 가르침입니다
불법의 진수를 내려 주신 최고의 법문입니다.

마곡사 영산전 주련의 법문입니다.

비로자나불의 좌보처요, 지혜제일 문수보살께서 능엄경에서 설하신 이 말씀은,

부처님께서 이루신 위없는 깨달음의 경계를 바다에 비유하고, 만유萬有를 품고 있는 태허공을 그 깨달음의 바다 속에서 일어난 단 하나의 물거품이라 말씀하십니다

이 깊은 말씀은, 태허공과 및 허공 속에 존재하는 일체 만유는 인연에 따라 나타난 거품과 같은 현상계일 뿐, 참다운 실체가 아니라는 말씀입니다.
생명체가 살고 있는 현상계라는 것도 실체 없는 허공 속의 물거품과 같은 것이니, 깨달음이라는 진여의 바다에는 미혹의 중생계는 처음부터 있지도 않았다는 법문입니다.

영원의 시간과 가없는 공간이란 느낌도 내 마음의

착각일 뿐, 우리 의식속의 생각들이 감각체인 육신이 대상경계를 대하면서 생겨난 실체 없는 허상의 인식임을 분명히 깨닫고, 법계는 오로지 깨달음의 일심세계 뿐이라는 확고한 신념이 있어야 합니다.
범부의 생각을 넘어 순수의식의 대양大洋으로 들어가야 깨달음의 세계가 열립니다.

도道를 즐기자

풀벌레 울음 소리에 밤새 귓전이 즐겁다
어찌 이리도 아름다운가!
사람의 소리로는 미칠 수 없을 것 같네
진실로 '무위도無爲道'는 꾸밈을 떠나 있는 것을!

자연의 삶은 얼마나 편안한가!
알도토리 투두두 떨구는 이때에
쓰르라미 저 울음소리는 태고적 평온의 소리다
머릿속이 가을 하늘같이 맑아진다
어릴적 시골 풍경속에 뛰놀던 최고의 평화로움이다

가을을 즐기는
저 고추 잠자리의 몸짓이 정말 가볍다
우리도 하늘을 날아보자

자유를 만끽해 보자
집착의 껍데기를 훌러덩 벗어버리고
가을 바람같은 상쾌한 안락을 누려보자

쉬자
쉬어야 평온해 질 수 있다

비우자
비워야 가벼워 질 수 있다

놓자
내려 놓아야 하늘을 날 수 있다

물을 보아서
물의 걸림 없는 위대성을 깨닫고

땅을 보아서
일체 생명을 기르는 큰 덕을
내 마음의 가치로 삼자!

허공을 보아서
모두를 포용하는 큰 가슴이 되자!

시방삼세의 모든 부처님들께서는
모두 염불念佛을 배우셔서,
속히 위없는 깨달음을 증득하셨다.
고로 알라. 삼세의 모든 부처님들이
다 염불로 마땅히 성불成佛하셨느니라
-월등삼매경月燈三昧經

망명법사 '식심명息心銘'

많이 생각하지 말고
많이 알려하지 마라

아는 것이 많으면 일이 많으니
뜻을 쉬는 것만 같지 못하고
생각이 많으면 잃는 것이 많으니
하나를 지키는 것만 못하다

생각이 많으면 뜻이 흩어지고
아는 것이 많으면 마음이 어지러우니
마음이 어지러우면 번뇌가 일어나고
뜻이 흩어지면 도에 장애가 된다

경솔한 언행을 삼가함으로써 고통의 원인 짓지 말며
가벼운 몸놀림으로 재앙을 부르지 마라

방울져 떨어지는 물도 그치지 않으면
장차 큰 바다에 가득찰 것이요
가녀린 티끌도 털어내지 않으면 태산을 이룰 것이다

끝을 막는 것은 근본에 있으니
비록 작은 것이라도 가벼이 여기지 말라

일곱 구멍(눈, 귀, 코, 입 등)을 잠그고
여섯 가지 뜻(의식, 생각)을 닫아서
색(물질계의 총칭)을 엿보지 말고 소리를 듣지 마라

소리를 듣는 자는 귀가 멀 것이요
색을 보는 자는 눈이 멀 것이다

한 가지 학문과
한 가지 기예는 태허공 속의 초파리이며
한 가지 기량과 한 가지 재능은
눈부신 태양 아래 외로운 등불이다

영특하고 현명하며
재능이 있고 기예가 뛰어난 것은
그대로가 곧 우매한 것일 뿐이다

본래의 순박한 것을 버린 채
음탐하고 화려한 것에 빠지면
지식이 쉽게 날뛰어 어지러운 마음은 제어하기 어렵
게 된다

정신이 힘들고 피로하면 몸은 쓰러질 것이니
마침내 삿된 길에서 방황하리라.

졸렬한 것을 자랑하고
기교스러운 것을 부러워하면 그 덕이 넓지 못하고

명성은 두터우나 행함이 경박하면
그 높은 지위는 속히 무너질 것이며

안으로 교만하고 자랑하는 마음을 품으면

밖으로 원망하고 증오함에 이를 것이다

입으로 말하고 혹은 글을 써서
사람들에게 명예를 요구한다면
이 또한 매우 추악한 것이다

만약 마음에서 생각이 사라지면
생사의 고통이 영원히 끊어지리라

죽지도 않고 나지도 않으면
모양도 이름도 없으며
맑은 도가 텅 비고 고요하여
만물이 가지런히 평등하니

무엇이 뛰어난 것이고
무엇이 열등한 것이며

무엇이 고귀한 것이고
무엇이 비천한 것이며

무엇이 욕스런 것이고
무엇이 영예로운 것인가!

텅 빈 마음은 태산같이 편안하며
무위심無爲心은 눈부시게 즐거우리라

삼가 현철들에게 전해 주나니
이 도는 올바름을 이루어 지혜를 거두게 될 것이다.

식심명息心銘(가슴깊이 새겨 번뇌를 쉬라)을 지은 망명법사
는 중국 북주 때의 스님으로 집안 대대로 불문을 극진히
섬겼으며 지혜가 영출하여 양나라 경릉왕이 벗으로 삼았
다.

[문] 모든 법이 이미 공하다면, 누가 도를 닦습니까?
[답] 누구든 있다면 반드시 도를 닦아야 합니다.
만약 누구도 없다면 구태여 도를 닦을 필요가 없을 것입니다.
그 누구란 또한 '나'입니다.
만약 내가 없다면 남을 만나서도 옳고 그름이 생기지 않을 것입니다.
- 달마대사

영겁에 자유로운 길, 깨달음

바른 길을 가는 자여!
안으로 마음을 다스려 비추고
겉으로 위의를 흩지 않아
성냄과 욕심을 막고 마음을 길러야 한다.

명예와 이익으로 감정을 움직이는 일이 없어야 하고
이득과 손실에 의지해 개입되는 일이 없어야 하며
사람들의 시비를 좇는 일이 없어야 한다

능력은 자랑할 것이 못되고 권세는 믿을 것이 못되며
덕망이 있는 이를 보면 자신은 어떤지를 보아야 하며
부귀함에 처할 때는 빈천한 때를 잊지 않아야 한다

자비심과 인욕의 마음은 보살의 덕성이니
움직이고 쉼에 늘 한결같이 하여

불법의 큰 보배에 속히 도달하고자 해야 한다

결코 사람을 업신여기거나 하늘 땅을 속일 수 없으며
심중에 부끄러운 바가 없도록 하고
남들로부터 동정을 받는 바가 없도록 하라

만약 화려한 명성이 지나치게 아름다워
이익과 즐거움이 많아지더라도
'유위有爲'의 인과를 두려워하여
속히 생사윤회에서 벗어나길 힘써야 한다

백년의 세월은 오랜 것이 아니며
미혹의 중생계는 한 순간도 편안한 바가 없으므로
매순간을 아껴 아미타불을 구해야 한다

대개 검약하면 잃을 것이 적고
사치하면 비방을 불러들이며
겸손하면 빛이 있고 물러서면 시기함이 없다
시기를 알아 나아가고 머물러

스스로 욕됨이 없도록 하라

부처님 가신지 더욱 아득하여
도를 행함에 어려움이 있으니
중요로이 '도'에 젖어 삶을 귀히 여기라
법계를 지혜와 자비의 빛으로 채운 사람
그가 부처이다

중극 송나라 때의 설두중현선사(980~1052)가 후학에게
남긴 글 가운데 일부이다.
오종가풍五宗家風 가운데 지문광조의 법을 이어받아 소주
취봉사, 항주 영은사, 절강성 명주 자성사에서 크게 불법
을 드날렸다. 그가 지은 설두송고는 100칙의 공안(화두)
을 가려 뽑은 것으로, 선종 내에서도 가장 많이 익히는
벽암록의 모체가 된다.

☯ 설두중현 선사의 시 한 수

「백토 횡신 당고로(白兎橫身當古路)」한데
한 마리 흰토끼 숲속 오솔길 졸고 있었더니

「창응 일견 편생금(蒼鷹一見便生擒)」이라
하늘의 참매가 발견하고는 쏜살같이 낚아채 버리네

「후래 엽견 무영성(後來獵犬無靈性)」하니
뒤늦게 다다른 사냥개는 영리하지 못함이라

「공향 고춘 하처심(空向古椿下處尋)」이라
헛되이 사라진 토끼 오래도록 찾아헤매네

무생無生을 깨쳤기에 생하지 않는 것이 없고
무상無相을 깨쳤기에 형상 아닌 것이 없다.
무아無我에 노닐기 때문에 아我가 아닌 것이 없고
무아이기 때문에 평등하게 거두어들이지 않음이 없다.
_원효대사 〈유심안락도〉 중에서

발심 수행을 권한 글

신라 원효대사

부처님께서 적멸궁을 장엄하심은
욕심을 버리고 보살행을 닦으신 때문이요

중생들이 한없는 세월토록 윤회함은
탐욕을 버리지 못함 때문이다

아무도 막지 않는 극락정토에 가는 이가 적은 것은
탐욕 성냄으로 보배를 삼은 까닭이요

아무도 유혹함이 없는 지옥 세계에 많이 떨어짐은
어리석음으로 자신의 보배를 삼은 까닭이다

비록 산에 들어 수행치 못할지라도
일상에 선행을 버리지 말라

자신의 복을 남에게 돌리면
성인처럼 믿음과 공경을 받을 것이요
선행을 닦으면 부처와 같이 존중을 받을 것이다

탐욕이 많음은 마군의 권속이요
자비로 베풂은 법왕의 아들이다

기름진 음식으로 몸을 살찌워도
이 몸은 반드시 무너지는 것이요
값비싼 옷으로 이 몸을 감쌀지라도
수명은 마침이 있다

메아리 울리는 바위굴로 염불당을 삼아서
추위와 배고픔을 이겨야 한다

잠깐사이 백년 세월이 흐르거늘
어찌 배우지 아니하며
일생이 얼마이길래 닦지 않고 방일한가

비록 재주와 학문이 있더라도
진리를 모르는 이는 진귀한 보배를 주어도 알지 못
하고

부지런히 산다 하나 '도'의 지혜가 없는 이는
동쪽을 가려면서 서쪽으로 향하니

지혜인은 쌀로 밥을 짓고
어리석은 이는 모래로 밥을 짓는다
밥을 먹어 주린 창자를 위로할 줄 알면서도
'도'를 배워 어리석음을 고칠 줄은 알지 못한다

자비와 지혜는 양쪽 수레바퀴와 같고
자타 함께 이로움은 새의 두 날개와 같다

윤회를 벗고 극락정토로 가는 길은
어질고 바른 선행이니
마음이 맑고 어질면 하늘이 함께 칭찬하신다

육신은 곧 흩어질 것이라
오래도록 머묾은 불가하다
오늘은 벌써 저녁이니 아침은 찰나에 다가온다

세상의 즐거움은 고통이 따르거늘
어찌 그토록 탐착하며

수행끝의 즐거움은 길고도 오래가니
어찌 염불수행을 닦지 않으리요

어찌 탐착을 버리지 못하며 애착을 끊지 못하는가!

오늘 선행은 얼마나 지었으며
번뇌와 악업은 얼마나 지었는가!

일초일초 지나 하루가 흐르고
하루하루 지나 한달이 흐르고
한달한달 지나 한해가 흐르고
한해한해 지나 잠깐사이 죽음에 이르니

망가진 수레는 갈수 없고
노인은 닦을 수 없느니라
내생 길은 어찌될 것인가!

아미타불 일념이 완전한 깨달음이다

연꽃 한 송이 이루소서!

어머니 49재

어머니!
사랑합니다!

이 땅에
우리 함께

한 세상
잘 살았습니다

하늘의
덮어주심과

땅의 길러주심
은혜 입으며

어머니 사랑으로
우리들 잘 살았습니다

무한한 시 공간 속
법의 성품으로 맺어진 우리 함께 잘 살았습니다

우리들이 이 세상에 옴도
진여 법성의 자재한 인연 때문이요
이제 육신이 돌아가심도
오묘한 참 성품의 원융 무애함 때문입니다

일심이 텅비어 고요히 맑게 비춤은
부처님의 부동 적멸 경계요

인연의 작용에 따라
혼침과 산란으로 마음이 어지러우면 범부입니다

어머니!
고우신 우리 어머니

고우신 그대로
연꽃 되소서!

어머니!
맑으신 우리 어머니

맑으신 그대로
맑은 연꽃 이루소서!

어머니 고운 향기
온 법계 날리소서!

시절인연時節因緣

모든 인연에는
오고 가는 시기가 있다

굳이 애쓰지 않아도
만나게 될 인연은 만나게 되고

무진장 애를 써도
만나지 못할 인연은 어렵다

사람이나 일
물건과의 만남도

또한 깨달음과의 만남도
그 때가 있는 법이다

아무리 만나고 싶은 사람과
소유하고 싶은 것이 있어도

시절 인연이 무르익지 않으면
바로 옆에 두고도 만날 수 없고
손에 넣을 수도 없게 된다

만나고 싶지 않아도
갖고 싶지 않아도
시절의 때를 만나면
기어코 만날 수 밖에 없다

이것이 법의 성품인
업력의 작용 때문이다

헤어짐도 마찬가지다
헤어지는 것은 업연이
거기까지이기 때문이다

사람과 재물, 내 품 내 손 안에
영원히 머무는 것은 아무 것도 없다

이러한 이치라면
재물이나 인간관계 때문에
불편해야할 이유가 없다

옛 말씀대로
"불원천 불우인(不怨天 不尤人)"이다
"하늘도 사람도 원망하지 않는다"

어떤 사람이 묻기를, "부처님은 이미 마음이 부처를 이루고,
마음이 부처라고 말씀하셨는데, 왜 자불自佛을 끝내 말씀하시지 않고
반드시 타불他佛을 수승하다고 하시니, 무엇 때문입니까?"
답하길, "이 법문은 온전히 '남이 바로 자신임(他卽自)'을 이해하는데 있습니다.
만약 타불을 말하기를 꺼려한다면, 이는 타견他見을 잊지 못한 것이며,
만약 자불에 치우치면 도리어 아견我見을 이루어 전도되게 됩니다.
-우익대사 〈아미타경 요해〉

불원천 불우인 不怨天 不尤人

성숙한 사람은
남에게 책임을 묻지 않는다

지성인은
자신에게 책임을 묻는 사람이다

불원천不怨天!
(하늘을 원망하지 아니하고)
불우인不尤人!
(남을 탓하지 않는다)

옛 지성인들이 인생을 살다가
어렵고 힘든 상황에 처할 때마다
외쳤던 인생의 가르침이다

세상을 살다보면 누구나 힘들고
어려운 일이 닥치기 마련이다

나에게 다가온 운명을 남 탓하지 아니하고
스스로 책임지고 극복할 수 있어야 한다

윗자리에 있는 사람들은
아랫사람을 업신여기지 아니하고

아랫자리에 있는 사람들은
윗사람을 자기 뜻대로 끌어내리려 하지 않아야 한다

나를 먼저 바르게 하고
남을 탓하지 않아야 한다

이리하면
누구에게도 원망을 사지 않을 것이다

부동不動

고로비동용 古路非動容
'고로'(옛길)는 얼굴에 동요함이 없다

고로는 부처를 뜻합니다.
(부처는 범부의 의식을 초월하여
주변의 어떤 환경이라도 결코 마음이
흔들리지 않음을 의미합니다)

정연사이위 情然事已違
감정(집착심)의 일이란
이미 진리의 길에서 어그러진 것!

소림문하사 少林門下事
소림문의 일은,
(소림문은 달마대사에 의해 불법이 전해진 중국 숭산의

소림사로, 즉 부처와 조사의 깨우침, 정법의 진리문)

불의생시비 不意生是非
마음에 옳고 그름의 시비분별을 일으키지 않는 것이
다

*경주 석굴암 아랫법당 '수광전壽光殿'에 걸려 있는
주련의 내용입니다.
불법의 깊은 대의를 짧은 몇 줄로 온전히 드러낸 조
사스님의 법문입니다. 이 법문의 뜻만 제대로 이해하
면 일체 불교 경전을 다 배운 것과 같습니다.

즉, 마음이 일어나 집착하게 되면, 즉시 진여자성이
오염돼 생사윤회가 목전에 있는 것이니, 부처는 '감
정'이라는 중생의 의식을 넘어 '무념'의 절대경계에
계신 분을 의미합니다.

진리의 실상에선 물질계 자체가 텅 비었고, '나'란 존

재도 본래 없음을 깨달은 것이니, 어떤 모습의 환경
이라도 결코 흔들리지 않는다는 것입니다.
그러므로 어떠한 대상에 대한 시시비비가 결코 일어
날 수 없다는 말씀입니다.

『신심명』의 "지극한 도는 어렵지 않다. 오직 마음(분
별심)을 일으키지만 않으면 된다"는 말씀과 같습니다.

마음(생각)을 일으키지 않도록 하는 수행방법으로 참
선, 명상과 염불을 지속적으로 행하고, 마음에는 관세
음보살님의 광대원만하고 걸림없는 대자비심인 "광대
원만廣大圓滿 무애대비심無碍大悲心"의 큰 마음 하나만
을 간직해 놓습니다.
"무애대비심"은 모두를 포용하고 감싸주는 큰 사랑의
마음입니다. 이 큰 마음 하나만이 마음속에 굳게 자
리하고 있다면 설혹 죄업장이 두텁다 할지라도 관세
음보살님의 걸림 없는 대비심에는 그 모든 것이 장애
하지 못하게 됩니다.
나무관세음보살!

전체가 자기 자기 자신이다
허공虛空 법계法界

나(我), 이것은 무엇입니까?
법성(法性)이야말로 나입니다.
선종에서 말하는 "부모님이 낳기 전 본래면목"이야말로 나입니다.
곧, 부모님이 낳기 전 본래면목이 법성입니다.
법성, 이것은 무엇입니까?
온 법계 허공계에 두루 존재하는 일체법의 본체입니다.
온 법계 허공계에 두루 존재하는 일체의 법은 어디서 옵니까?
법성이 변화한 것입니다.
화엄경에서는 "우주 삼라만상 전체는 오직 마음이 현현한 것이고
식식이 변화된 것이니, 마음이 바로 성性이고, 식識 또한 성性이다"
설하고 있습니다.
불가사의한 성식(性識), 이것이야말로 진정한 자기입니다.
이 자기를 어떻게 찾아내는지 알게 되면
허공법계 전체가 자신임을 깨닫습니다. _정공淨空 큰스님

부처님을 만난 행복

관세음보살님!

관세음보살님
따뜻한 품속은

그냥 좋습니다
그냥 즐겁습니디
그냥 행복합니다

무소주 無所住
일편 백운이 허공에 머물지 않듯

무소행 無所行
자취마져 없으니 행하는 바가 어찌 있으랴

무소득 無所得
위없는 깨달음엔 얻고 잃음,
옳고 그름이란 생각마저 텅 비었다

처세간 處世間
세상 속에 이 몸 처하되

여허공 如虛空
마음 비움이 허공과 같으면

여련화 如蓮花
마치 저 깨끗한 연꽃과 같아서

불착수 不着水
일체의 더러움이 방해할 수 없네

심청정 心淸淨
누구라도 한마음 고요히 맑으면

초어피 超於彼
곧바로 해탈세계 뛰어올라 천복을 누리리!

계수례 稽首禮
인자하신 불보살님께 예경하나이다

무상존 無上尊
여래如來시여
천인사天人師시여
조어장부調御丈夫시여

마음이 청정하고 간절하면

불보살의 감응이 있습니다

연지대사께서 세상에 계실 때
일 년 동안 항주 지역이 매우 가물었습니다.
어느 날 항주 태수가 연지대사에게 백성을 위해
기우제를 올려달라고 청하였습니다.
연지대사께서 말씀하시길 "저는 비를 구하지 않습니다.
단지 염불할 뿐입니다"라고 하셨습니다.
그러나 이미 대중을 위하여 간절히 구하는 마음을
다하지 않을 수 없었습니다.
이에 연지대사께서 목어를 쥔 채 신자들을 이끌고
밭 기슭으로 가서 "아미타불"을 염하였습니다.
이는 바로 "정성을 다하면 영험이 있다"는 말로
마음이 청정하고 간절하면 저절로 감응합니다.
과연 대사께서 그곳으로 가니 그곳에 비가 내렸습니다.
이는 바로 진정으로 부처님 가르침에 따라 수학하여 얻는
수승한 이익이자 가장 훌륭한 증거입니다.
-정공 상인, 〈무량수경 청화〉

보살菩薩

보살청량월 菩薩清涼月
자비로운 보살은 맑은 달같아

장유필경공 長游畢竟空
길이 길이 걸림없이 법계에 노니신다네

중생심구정 衆生心垢淨
중생의 마음 때가 맑아지면

보리영현중 菩提影現中
깨달음은 삶속에 드러난다네

몸으로 행함에는 예의가 있어야 하고,
말을 함에 있어서는 분별이 있어야 하며,
마음으로는 진정성과 청정 평등 공경이 있어야 합니다.
보현보살의 마음은 청정하여 피곤해 하지도 싫증내지도 않습니다.
그러나 우리의 마음은 분별심 염오심으로
청정심이 시간이 길어지면 피곤해 합니다.
일상작업을 청정심 수희심, 중생을 이롭게 하는 마음으로 하면
작업량이 아무리 많고 힘들지라도 피곤 싫증을 느끼지 않습니다.
이것이 바로 보현행普賢行을 수학한 공부로 얻을 수 있는 이익입니다

- 정공 큰스님 〈보현대사행원普賢大士行願의 게시〉

행원 하나하나마다
허공법계를 포용하는
보현행은 진여본성에
맞는 광대한 행이다

십무익송 十無益頌

1. 마음을 돌이켜 보지 않으면 경전을 봐도 소용이 없다.
2. 바른 법을 믿지 않으면 고행을 해도 이익이 없다.
3. 원인을 가볍게 여기고 결과만을 중요하게 여기면 도를 구하여도 이익이 없다.
4. 마음이 진실하지 않으면 교묘하게 말을 잘 해도 이익이 없다.
5. 존재의 본질이 비어 있음을 달관하지 못하면 좌선을 해도 이익이 없다.
6. 아만심을 극복하지 못하면 법을 배워도 이익이 없다.
7. 스승이 될 덕이 없으면 대중을 모아도 이익이 없다.
8. 뱃속에 교만이 꽉 차 있으면 유식해도 이익이

없다.

9. 한평생을 모나게 사는 사람은 대중과 함께 살
   아도 이익이 없다.

10. 안으로 참다운 덕이 없으면 밖으로 점잖은
    행동을 해도 이익이 없다.

☯ "열 가지 이익이 없다"는 게송의 말씀은, 서산대
사의 제자로 지리산 영원사의 암자인 도솔암에서 수
행했던 청매선사가 지은 십무익송十無益頌의 법문입니
다.

육바라밀 六波羅蜜

육바라밀은 수행자가 깨달음과 중생제도를 이루기 위해 닦는 여섯 가지 수행문을 말하는 것으로 보시 布施·지계持戒·인욕忍辱·정진精進·선정禪定·지혜 智慧를 뜻합니다.

지혜의 완성으로 생사윤회를 해탈하고 "열반의 세계로 들어감"을 "바라밀波羅密"이라 합니다.

생사와 열반, 번뇌와 보리, 나와 남의 모든 분별을 떠난 해탈경계를 성취하기 위해서 부처님께선 정신적 물질적으로 베풀어 주는 '보시행'과 바른 마음 바른 몸 바른 생활의 '지계행'과 역순 경계에 흔들림 없는 '인욕'행과 세월의 신속함을 알아 무사 안일함에 빠지지 않는 '정진행'과

법계의 실상을 깊이 통찰해 우주의 본질과 생명의
근원을 깨닫는 '선정'과
마침내 깨달음을 성취하여 일체지를 얻는 '지혜'를
말씀하신 것입니다.

육바라밀의
'보시'는 아낌없이 베푸는 마음
'지계'는 악을 그치고 선을 행하는 마음
'인욕'은 역순경계에도 동요 없이 수행하는 의지력
'정진'은 성불과 중생제도를 위해 뜻을 굽히지 않는
불퇴전의 마음
'선정'은 깨달음으로 들어가는 심오한 정신적 사유
'지혜'는 깊은 선정에 의해 드러나는 걸림없는 지혜
이니

부처님께서는 "여섯 가지 바라밀 수행은 모두에게
최상의 길로", 나와 더불어 일체가 지혜와 안락의
저 세계에 이르도록 길을 열어 보여주신 것입니다.

"일념불기위지청 一念不起 謂之淸"
한 생각 일지 않은,
생각 이전의 맑은 심성을 "맑을 청淸"이라 하고

"적중불매위지정 寂中不昧謂之淨"
생각 떠난 고요한 그 가운데 명철한 심성의 신령함을 "맑을 정淨"이라 하니 이가 곧 부처로 "지혜의 대광명으로 온 법계를 두루 비춘다"는 의미로 "청정법신 비로자나불"이라 한 것입니다.

허공법계가 한 집으로서,
비로자나불의 광명궁전이요
일체 생명이 한 몸으로서,
비로자나불의 법신불입니다.

정념淨念이 계속 이어져 지혜가 나타나면
정토淨土가 바로 자기 마음임을 즉시 알게 된다.
이것이 바로 지혜가 높은 사람(上智人)이 닦아 나가는 공부이다.
이렇게 되면 선정禪定이 주主가 되어 마음이 안온하게 되며,
괴롭고 즐거우며 거슬리고 좋은 경계를 만나더라도,
다만 이 아미타불이 현전하여 일념도 변하는 마음(變異心)이 없으며,
일념도 물러나거나 게으른 마음(退惰心)이 생기지 않으며,
일념이라도 잡스러운 마음(雜想心)이 없어지며,
바로 생生이 다할 때까지 영원히 다른 생각이 없어져서,
반드시 서방극락세계에 왕생할 것이다.
- 우담대사, 연종보감蓮宗寶鑑

좌선문 坐禪文

대저 좌선하는 사람은 지극한 수행을 이루어 마땅히 성성히 깨어있어야 하니

1. 생각이 끊어져 혼침에 빠지지 아니함을 좌座라 함이요, 욕망의 늪에 있더라도 욕망이 일어나지 아니하고 세상살이에 처하더리라도 번뇌망상이 일어나지 않음을 선禪이라 한다.

2. 밖의 경계에 부동하고 마음이 고요하여 흔들리지 아니함을 좌座라 함이요, 마음의 광명을 비추어 보아 진리의 근원을 통달함을 선禪이라 한다.

3. 역순 경계에 번민하지 아니하고 소리와 대상에 끄달리지 아니함을 좌座라 함이요, 깨달은 즉 지혜의 밝음은 천억 일월의 빛보다 밝고, 덕으로

중생을 교화한 즉 그 공덕이 하늘 땅보다 수승하니 이를 선禪이라 한다.

4. 차별 세상에 살되 늘 차별 없는 평등 마음을 좌座라 함이요, 무차별의 평등심으로 선행을 베풂을 선禪이라 하니

5. 위의 말들을 요약해 말한다면, 중생의 번뇌가 불같이 치성하나 마음이 늘 여여함을 좌座라 함이요, 종횡에 막힘없이 묘용이 자재하여 제반사에 일체 걸림 없음을 선禪이라 하는 것이다.

*부처님의 대적정 삼매는 동動과 정靜을 초월하고, 진여실상은 생生과 멸滅을 떠나 있음이라.

보아도 봄이 없고 들어도 들음이 없으며
텅 비었으되 비어있지 아니하고 있되 있지 아니하다.

마음의 큼을 말하자니 밖이 없음을 감싸버리고
작다 말하자니 속이 없는 곳에라도 능히 들며
신통지혜와 광명과 수명과 다함없는 방편묘용이 무
진무궁하도다.

큰 뜻이 있는 훌륭한 이는 마땅히 바르고 성실히
참구하여, 큰 깨달음으로 극칙을 삼아 한눈 팔지 않
고 힘차게 정진하다가 사자후 한소리에 허다한 영묘
함이 스스로 갖추어 있음을 깨닫게 되리라.

☯ 이 좌선문은 중국 원나라 때 도풍을 떨친 고승 몽산
대사(1231~1308)의 법문입니다.

스님은 33세 때 살이 문드러지는 중병 속에 서원하길,
"지난 세월 지은 악업을 참회합니다. 이 몸이 지금 죽는
다면 다음 생엔 속히 출가하기를 원하오며, 만약 부처님
의 가피로 병이 낫는다면 깨달음의 등불을 밝혀 널리 중
생구제하기 서원합니다."
그는 몸의 고통에도 무섭게 정진하였는데 병고가 씻은

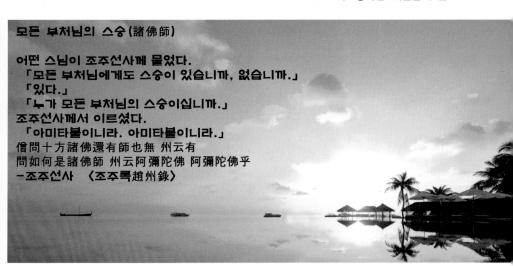

모든 부처님의 스승(諸佛師)

어떤 스님이 조주선사께 물었다.
「모든 부처님에게도 스승이 있습니까, 없습니까.」
「있다.」
「누가 모든 부처님의 스승이십니까.」
조주선사께서 이르셨다.
「아미타불이니라. 아미타불이니라.」
僧問十方諸佛還有師也無 州云有
問如何是諸佛師 州云阿彌陀佛 阿彌陀佛乎
－조주선사 〈조주록趙州錄〉

듯 하여 그해 8월 출가하여 한 고승으로부터 "사람이 죽으면 어느 곳으로 가는가?"라는 물음에 용맹정진 3년 만에 크게 깨달았습니다.

수행의 덕화가 천하에 흐르자 고려 공민왕사 나옹, 충렬왕, 고위관리 등 수많은 이가 그를 찾아 법문을 들었습니다.

"나무아미타불 염하는 시간을 가리지 말라.
천만 번 정신차려 게으르지 말고 끊임없이 정진하라." 하였습니다.

영가대사의 답신 永嘉大師 答信

작별한 이후 멀리서 생각하였더니 서신을 주셨습니다. 맑은 법이 몸과 마음에 가득하십니다.
현량 선사의 덕스러운 법음을 읊조려 뵈오니, 큰 도를 가슴에 품은 절개로 높은 봉우리 아래 그윽한 곳에 머무르니, 생각과 번뇌가 쉬어 진실한 도에 잠기십니다.

현묘한 도는 고요하고 고요하니 비록 닦음이 있더라도 익혀 알기가 쉽지 않습니다.
이해하는 바가 그윽한 도에 계합하지 않거나 참된 취지에 부합되지 않는다면 정성을 다하여 힘찬 정진으로 몸과 입과 뜻의 업을 씻고 마음의 근원까지 밝혀야 할 것입니다

육신은 우주의 화합물이요, 내가 아님을 깊이 이해

해야 할 것이니, 몸과 일체 대상 경계가 허공 같다면 본 성품에 계합할 것입니다.
그리되면 무릇 참된 도의 성품이 텅 비어 맑을 것이요, 본디 번뇌가 있는 것이 아니니 일체 빛깔과 소리가 평등실상 아님이 없습니다.

만약 모든 경계가 존재하는 것이 아님을 깊이 이해할 수 있으면 눈에 닿는 모두가 그대로 부처 아님이 없을 것입니다.
단지 보는 바가 미혹함으로 인해 윤회의 흐름에 구르게 될 뿐입니다.

만약 만물과 나 자신이 그윽하게 하나임을 안다면 큰 지혜가 원만해져 소란함과 고요함이 똑같이 보일 것이며, 자비가 커지면 평등도에 들어 원수나 친한 이나 모두 착한 벗일 것입니다.

오묘한 도는 형상이 없으므로 모습을 지닌 모든 것은 그 이치에 어긋나지 않아 곧 진여적멸이며, 이에 미혹하면 곧 생사에 순환할 것이요, 이를 깨달으면 역경계건 순경계건 모두가 원만융통한 해탈경계일 것입니다.
서신에 간략히 답하오니 한적함의 무위락無爲樂 속에 잠시 생각해 보소서!

　☯ 위의 글은 서신내용으로 중국 당나라 때 선종 제6조 혜능대사의 법제자인 영가(현각)대사께서 도의 벗 현량선사가 보내온, "산중에 같이 지내자"는 편지에 대한 답글 내용의 일부입니다.

*현량(좌계)선사(672~754): 항상 물외物外에 노닐고 몸은 깊은 산중에 은거하며 베옷으로 소식하고 한칸 방에 지낸지 30여년을 옮기지 아니하시다.

*영가(현각)대사(665~713): 선종 제6조 혜능선사의 법제자로 혜능의 법을 이어받아 그 유명한 증도가를 지음.

옥으로 된 가지 자르니 조각조각이 다 보배로다
전단 나무 자르니 조각조각이 다 전단향이로다

이는 존재 하나하나가 마음이고,
티끌의 경계 하나하나가 도에 합치함을 드러낸 것이다.
- 영명연수선사 '주심부註心賦'

말 한마디

사랑의 말 한마디가 큰 기쁨을 줍니다
은혜로운 말 한마디가 평생 고마움이 되고
즐거운 말 한마디가 하루의 활력소가 되고
때에 맞는 말 한마디가 모두를 유리하게 합니다

무례한 말 한마디가 인격을 상하게 하고
부주의한 말 한마디가 싸움의 불씨가 되고
욕설 한마디가 증오를 만들고
심한 말 한마디가 행복을 파괴합니다

發菩提心 一向專念 阿彌陀佛
발보리심 일향전념 아미타불

དགེ་བས་བཅུ་ཞི།

업장을 소멸하는 데에도 보리심보다 나은 것이 없다. 아상가는 동굴 안에서 미륵보살을 만나기 위해 십이년 동안 수행을 했어도 뜻을 이루지 못했다. 그러나 중생에 대한 연민이 생김으로써 모든 업식들이 녹아 미륵보살을 뵙게 되었다. 이처럼 보리심없이 백 년을 참회하는 것보다 단 하루라도 보리심을 갖고 관상하는 것이 훨씬 낫다.
보리심을 일으키면 일시적인 것과 궁극적인 모든 이익이 되는 일들을 힘들이지 않고 성취한다. 이익이 되는 일 중에서 최고는 일체중생이 원하지 않는 고통으로부터 벗어나게 하는 것과 그들이 원하는 행복을 성취하게 하는 것인데, 이 또한 보리심에 달려 있다.
보리심을 일으키면 저절로 공덕을 쌓게 되고, 업장 소멸도 저절로 되며, 장애들도 그 보리심으로 인해 저절로 사라진다. 공덕을 쌓는 데도 보리심보다 더 나은 것은 없다.
- 쫑카파(1357-1419)의 〈림림체모(깨달음에 이르는 길)〉

보리심 없이 100년을 참회하는 것보다 단 하루라도 보리심을 갖고 관상觀想하는 것이 훨씬 낫다

Praise to Je Tsongkhapa
The Great Embodiment of Compassion, Wisdom and Power

바른 믿음

마음의 때가 다하여 깨끗해지면
이것이 가장 밝음이니
불법의 신념에 안주하여
모든 의혹과 번뇌를 떠나

신명의 안위를 조금도
걱정하지 아니하는 견고한 마음이라면
시간을 부리는 자유인이요
번뇌와 집착에 얽매이면
시간에 묶인 고통 받는 사람이 될 것입니다

불교는 잘못된 인식과
관습의 틀에서 벗어나게 하는 가르침이니
불보살님을 향한 바르고 견고한
믿음 하나가 가장 중요합니다

염불은 결정코 믿어야 합니다.
무릇 염불공부가 힘을 얻지 못하는 것은 신심信心이 부족하고
원심願心이 간절하지 못해서 염불공부가 힘을 얻지 못한 까닭입니다.
문제는 도대체 어디에 있습니까?
두 세계를 꿰뚫어 보지 못했기 때문입니다.
의심이 있어 극락세계를 꿰뚫어 보지 못했고,
미련이 있어 사바세계를 꿰뚫어 보지 못했습니다.
이곳에 미련이 남아 있으면 극락세계는 여전히 의문이 있습니다.
그래서 공부가 힘을 얻지 못합니다. 어떻게 해야 합니까?
고인께서 가르치신 방법이 유효합니다.
바로 경전(무량수경)을 천 번 독송하면 그 뜻이 저절로 드러납니다.
-반주삼매경 심요

복 받고 살아가는 방법

이진태

웃음으로 시작하고 웃음으로 마감하라
여기가 천국이다

기쁨으로 수용하라
기뻐하면 기뻐할 일만 생겨난다

힘든 것에는 뜻이 있다
감사함으로 수용하라

믿음의 열도를 10배로 늘려라
100배의 수확이 보장된다

모두를 위하는 사람이 되라
그것이 나를 위하는 지름길이다

진리가 아니면 따르지 말라
길 한번 잘못 들면 평생 후회한다

인연을 소중히 하라
인연 중에 소중하지 않은 인연은 없다

인생드라마는 스스로 연출한다
명연기를 보여주라

건강해야 건강한 운을 만든다
과욕을 버려라

잠에서 깨어나라
그래야 지혜의 눈을 크게 뜰 수 있다

하늘은 스스로 돕는 자를 돕는다
하늘이 좋아하는 자가 되라

지혜로운 사람이 되라
어리석은 사람은 길을 두고 모로 간다

자신의 무한 능력을 발견하라
복된 나날이 펼쳐진다

머리를 써라
머리는 하늘이 나에게 준 보물창고다

실패를 뒤집어 보라
그 속에 성공이 들어있다

아낌없이 베풀어라
샘물은 퍼낼수록 맑은 물이 솟아난다

자신의 눈을 믿지 말라
남의 눈으로 자신을 바라보라

최대의 기쁨으로 하루를 맞이하라

살아있는 날은 경축일이다

먼저 부모를 공경하라
자손대대로 번영한다

눈앞의 문제에 집착하지 말라
문제 뒤에 해답을 찾아내라

나날이 향상하라
향상하지 않으면 퇴보한다

남의 말을 좋게 하라
없던 복도 굴러온다

음식만 골라 먹지 말라
말도 골라서 하라

복을 많이 지어라
내가 지은 것만이 내 것이 된다

복을 달라고 안달하지 말라
복을 담을 그릇을 먼저 만들어라

베 풂

행복은 멀리 있지 않습니다
내 마음속 부처님 마음이 바로 행복입니다

나만 알고 있는
최고로 아름다운 사랑의 꽃밭을
내 맘속에 가꿔보세요
관세음보살님의 '큰 사랑 마음' 말입니다

그리고는 자신의 공덕을 남에게 보이려 하지 마세요
드러내지 않음의 풍요가 내 맘속에 춤을 춥니다

우아하고 희디흰 법의를 걸치신 관세음보살님이
이때 나타나십니다
아름다운 마음이
'관세음'이라는 공덕몸으로 드러난 것입니다

마침내 감각·감정의 틀이 사라져
지족안락의 대평원에 이르게 됩니다

좋은 일을 했을 때 내 선행을 드러내고 싶어집니다
'나'라는 허상의 아집이 고릴라처럼 발동하는 겁니
다

이때는 세상의 지식이 필요치 않습니다
오로지 지순한 마음만이 나를 행복나라로 인도해 줄
뿐입니다

향기로운 꽃은 손짓하지 않아도
벌·나비들이 다투어 모여듭니다

덕을 베푸는 이는
하늘 땅이 그리하듯 그냥 베풀 뿐입니다

복숭아 밭은 그냥 두어도
저절로 길이 만들어지지요

아미타불 일불이 완전한 깨달음이다

3. 자성自性과 하나 되는 기도

성취기도에 대한 몇 가지 조언

절에 오셔서 기도하시는 분들은 대체로 소원을 성취하기 위해 하시는 분들이 많습니다. 하지만 기도하는 방법을 모르는 분들이 많고 이미 하시는 분들도 바른 법으로 기도하시는 분들이 많지 않기에 짧은 소견이지만 몇 가지 적고자 합니다.

첫 번째, 먼저 기도하는 뜻을 넓고 크게 세우는 것입니다.

자기 개인이나 가족의 소원을 바라는 기도라 할지라도 단순히 이것 되게 해달라는 것보다, 시방삼세 모든 존재들이 평안하며 안락하길 바라는 마음을 먼저 내고 자신의 소원을 발해야 합니다.

이러한 넓고 큰 생각은 보현행원품과 보리행경에 자세히 나와 있습니다.

그 경전에서 말씀하신 마음을 지닌 상태에서는 어떤

한 소원이라도 이루어지지 않는 것이 없습니다.
지심으로 뜻을 마음속에 새겨가며 독송하면 하루가 다르게 달라지는 자신을 보게 될 것입니다.
기도성취라는 것은 일단 자신이 변해야 이루어집니다.

둘째로, 공덕을 많이 지어야 합니다.
일의 장애가 많은 것은 과거에 지어놓은 복덕이 적어 생기는 경우가 많습니다. 과거에 지어놓은 복이 없다는 것을 자세히 관찰하여 이생에라도 많은 공덕을 지어야 기도가 성취됩니다.
이 공덕 짓는 법을 자세히 말씀하신 경전은 보편행

원품입니다.
보현보살님의 열 가지 원을 하나하나 실천하면 가장 큰 공덕을 짓게 될 것입니다.

세 번째, 불보살님들에 대한 믿음이 깊어야 합니다. 조금도 의심하는 바가 없어야 합니다. 부처님의 법신이 본래 청정하여 거짓이 없고 항상하며 온갖 차별상을 초월한 진여라는 것과 그곳에는 무량한 공덕이 있어 끊임없이 중생을 바른 곳으로 이끌려는 대자비심이 저절로 갖추어져 있으니 때때로 중생들의 원과 바람에 따라 천백억의 화신을 나투어 중생들을 이끌어 줌을 확실히 이해하고 믿어야 합니다.
이렇게 확실한 믿음을 바탕으로 일념으로 기도할 때 불보살님들의 가피를 입게 될 것입니다.

넷째로, 진실하게 일념으로 해야 합니다.
성취기도라고 성취해 달라고만 일념으로 하는 것이 아닙니다. 그것은 기도가 아니라 축원입니다.
기도는 하나가 되는 것입니다. 정근과 주력 등을 통

해서 법계가 본래 하나임을 체험하는 것입니다. 하
나가 된 마음으로 축원을 하여야 확실하게 성취가
됩니다.
이러한 일념은 하루 아침에 되는 것이 아니니 매일
두 시간 이상의 수행내지 기도를 하여야 합니다.

다섯째는 널리 회향하는 것입니다.
비록 십분을 기도하였더라도 이 기도의 공덕을 온
법계와 모든 중생들과 보리도의 공덕으로 회향을 하
여야합니다. 그렇게 할 때 그 공덕은 정말 한량이
없어집니다.

반야심경 般若心經

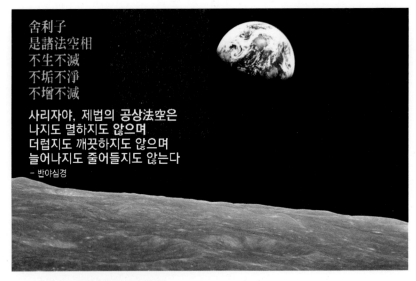

舍利子
是諸法空相
不生不滅
不垢不淨
不增不減

사리자야, 제법의 공상法空은
나지도 멸하지도 않으며
더럽지도 깨끗하지도 않으며
늘어나지도 줄어들지도 않는다
- 반야심경

'마하 반야바라밀다 심경'이라고도 합니다.

'마하摩訶'는 무한히 큼을
'반야般若'는 일체에 통달한 대지혜를
'바라밀다波羅蜜多'는 '저 언덕에 이른다'는 의미로

고통을 뛰어넘어 완전한 깨달음의 세계로 들어갔다
는 뜻이며, 보통 바라밀로 부릅니다.

'심경心經'은 깨달음을 설명한 부처님 말씀이란 뜻이
니,
'반야심경'은 큰 지혜로 열반의 세계로 들어가신 부
처님의 말씀이라는 의미가 됩니다

반야심경의 내용은
지혜로워야 고통이 사라진 저 안락의 세계에 도달한
다는 말씀으로,

관자재(관세음)보살께서 "반야바라밀다에 의해서 고통
을 넘어 열반을 성취하셨다" 하였는데,

이 말씀은 "지혜로서 만상이 텅 비어 있음을 보시고
착각의 꿈속세상에서 진실한 저 열반의 세계에 들어
가셨다"는 의미입니다.

"과거 현재 미래의 모든 부처님께서도 대지혜로 해탈세계에 들어가시니 "가장 신성하고 찬란하며, 이를 능가할 가르침과, 비교할 그 어떤 것도 있을 수 없어서 능히 일체 고통을 물리치나니 마침내 허망하지 않느니라" 하였는데,

"가장 신성하고 광명으로 찬란하며, 위없는 가르침과 무엇과도 비교할 수 없는 가치"라는 것은, 바로 깨달음의 무량공덕에 대한 말씀입니다

그럼 큰 지혜라는 것은 어떤 것인가?

"인연에 의한 허공 속 세계가 텅 빈 속성의 물질계임을 간파하고 오로지 본성 광명만이 법계에 충만해 있음을 깨닫는 것"과
이를 들여다보지 못하면 스스로 깨우칠 때까지 허상의 꿈속에서 한평생을 지샌다는 말씀이니,

생함과 멸함도 없고

더러움과 깨끗함도 있지 않으며
늘어남도 줄어듦도 없는
이 법계의 진실 속에서

우리는 얼마나 몸의 감각과 마음의 감정에 휘둘리며
한평생을 살아가고 있는가?

법계의 진실을 바로 보는 안목을 갖추고 있다면 설
혹 남아 있는 그릇된 인식과 관습이 방해하더라도
오뚝이처럼 제자리를 잃지 아니할 것입니다.
제 마음의 중심을 오로지 견지하여 인연에 따라 함
께 할지언정, 그 어떤 세간의 삶과 상황일지라도 철
저한 무위無爲의 삶이라면 반야심경에서 설하신 부
처님의 뜻에 크게 위배되지 아니할 것입니다

'마하반야바라밀다심'이 위대한 깨달음이요, 청정심
이요, 제불보살이시니 아미타불 관세음보살 지장보
살님을 의지해 기도해나가시면 쉽게 진리와 하나가
될 것입니다.

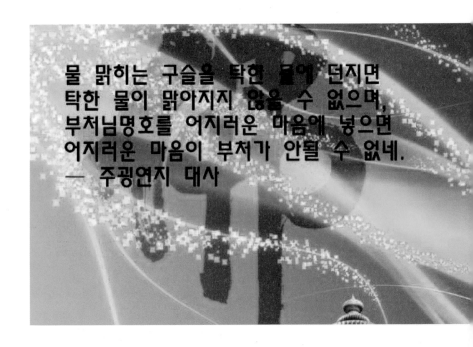

물 맑히는 구슬을 탁한 물에 던지면
탁한 물이 맑아지지 않을 수 없으며,
부처님명호를 어지러운 마음에 넣으면
어지러운 마음이 부처가 안될 수 없네.
— 주굉연지 대사

지혜로운 이들의 거룩한 회상인 이 반야공문般若空門
의 위대한 깨달음에 모두 함께 들어지이다.

나무관세음보살!

신묘장구대라니

나모 라다나 다라야야 나막알약 바로기제 새바라야
모지 사다바야 마하 사다바야 마하가로 니가야 옴
살바 바예수 다라나 가라야 다사명 나막 가리다바
이맘 알야 바로기제 새바라 다바 니라간타 나막 하
리나야 마발다 이사미 살발타 사다남 수반 아예염
살바 보다남 바바말아 미수다감 다냐타 옴 아로계
아로가 마지로가 지가란제 혜혜 하례 마하모지 사다
바 사마라 사마라 하리나야 구로구로 갈마 사다야
사다야 도로도로 미연제 마하 미연제 다라다라 다린
나례 새바라 자라자라 마라 미마라 아마라 몰제 예
혜혜 로계 새바라 라아 미사미 나사야 나베 사미사
미 나사야 모하자라 미사미 나사야 호로호로 마라
호로 하례 바나마 나바 사라사라 시리시리 소로소로
못쟈못쟈 모다야 모다야 매다리야 니라간타 가사마
날사남 바라 하리 나야 마낙 사바하 싯다야 사바하

마하 싯다야 사바하 싯다 유얘 새바라야 사바하 니
라간타야 사바하 바라하 목카 싱하목카야 사바하 바
나마 하따야 사바하 자가라 욕다야 사바하 상카 섭
나녜 모다나야 사바하 마하라 구타다라야 사바하 바
마사간타 니사시체다 가릿나 이나야 사바하 먀가라
잘마 이바 사나야 사바하 나모라 다나다라 야야 나
막알야 바로기제 새바라야 사바하

[해석문]
삼보님께 귀의 하옵니다
세상을 굽어보시는 거룩한 관세음보살님께 귀의 하옵니
다

보배 영락을 두르신 님이시여!
지순하여 겨룰 수 없고
뭇 삶들을 청정으로 이끄시는 어지신 님
관세음보살님께 제 마음을 돌이킵니다

옴~~~

아아! 밝음이여!

지혜를 지닌 분이시여
세상을 뛰어넘은 님이시여!

거룩한 님
위대한 님이시여!
오~오!
관세음보살이시여!

속히 악업을 그치게 하소서
저 피안으로 우리를 실어 나르시옵소서

위대한 승리자시여
항상 우리를 기억해 주소서

티끌을 떠난 청정한 님이시여
자재하신 법왕이시여
세계를 주재하는 정법 명왕이시여

탐욕의 독한 마음을 소멸하시고
미움의 독한 마음을 소멸하시고
어리석음의 어둔 마음을 소멸하옵소서

연꽃 마음이시여
지혜의 광명을 놓으소서

자비감로 부으시어
두려움을 씻어주소서

정법으로 나아가 속히 깨닫게 하옵소서
어여삐 여기시어 애욕을 부수게 하소서
일체 번뇌 부수게 하소서
대자비 성취하신 관세음보살이시여!

삼보께 귀의하나이다
관세음보살님께 귀의하나이다
원만히 성취 되어지이다.

제불보살 십종대은 諸佛菩薩 十種大恩

1. 중생에게 발심시켜 가피주신 사랑은혜
   발심보피은 發心普被恩

2. 어려운일 참고견뎌 성취하신 인욕은혜
   난행고행은 難行苦行恩

3. 한결같이 남을위해 헌신하신 보시은혜
   일향위타은 一向爲他恩

4. 육도윤회 중생고통 소리살핀 구제은혜
   수형육도은 隨形六途恩

5. 중생따라 나투시어 기쁨주신 자비은혜
   수축중생은 隨逐衆生恩

6. 중생사랑 크신마음 깊고깊은 대비은혜
   대비심중은 大悲深重恩

7. 중생들을 섭수하려 수승함을 숨긴은혜
   은승창열은 隱勝彰劣恩

8. 참된진리 펴시려고 방편교를 쓰신 은혜
   위실시권은 爲實示權恩

9. 제행무상 보이시어 발심케한 열반은혜
   시멸생선은 示滅生善恩

10. 중생사랑 다함없는 대자대비 크신은혜
    비념무진은 悲念無盡恩

한결같이 중생을 어여삐 여기시어
큰사랑으로 가르쳐 주시고 바른 길로 인도해 주신
부처님의 크나큰 은혜시어!
햇볕이 만물의 싹을 내고 꽃을 피워

열매를 거두게 함과 같이
보리심菩提心의 싹을 나게 하시고
무루無漏의 도수道樹를 자라게 하여
열반과涅槃果를 얻도록 해 주시옵소서!

보현보살 제구원왕
항순중생 恒順衆生

보살이 중생에게 수순할 수 있으면
곧 제불께 수순하여 공양함이 되며,
중생을 존중하여 받들어 모시면
곧 여래를 존중하여 받들어 모심이 되며,
중생으로 하여금 환희심이 나게 하면
곧 일체여래로 하여금 환희심이 나게 하느니라.
왜 그러한가?
제불여래께서는 대비심을 체로 삼는 까닭에
중생으로 인하여 대비심을 일으키고,
대비심으로 인하여 보리심을 발하며,
보리심으로 인하여 등정각을 성취하니라.
-화엄경 보현행원품

보현보살 십종대원 普賢菩薩 十種大願

1. 시방세계 부처님께 예경하기 원이오며
   예경제불원 禮敬諸佛願

2. 시방세계 모든여래 칭찬하기 원이오며
   칭찬여래원 稱讚如來願

3. 시방세계 부처님께 공양하기 원이오며
   광수공양원 廣修供養願

4. 모든업장 참회하여 소멸하기 원이오며
   참제업장원 懺除業障願

5. 다른이의 좋은공덕 기뻐하기 원이오며
   수희공덕원 隨喜功德願

6. 부처님께 법문하심 간청하기 원이오며
청전법륜원 請轉法輪願

7. 부처님이 항상함께 해주시기 원이오며
청불주세원 請佛住世願

8. 부처님을 항상따라 공부하기 원이오며
상수불학원 常隨佛學願

9. 중생들의 근기따라 수순하기 원이오며
항순중생원 恒順衆生願

10. 지은공덕 다른이에 돌려주기 원입니다.
보개회향원 普皆廻向願

보현보살은 문수보살과 함께 석가여래의 우보처로
계십니다. 모든 보살의 으뜸이 되어 언제나 여래의
중생 제도하는 일을 돕고 드날리십니다.

6개의 어금니가 있는 흰 코끼리를 탄 모양과 연화
대에 앉으신 모습으로 많이 나타납니다.

이 열 가지 큰 서원은 모든 보살의 행원을 대표한
것으로, 화엄경에서 선재동자가 53선지식을 찾아 보
살도를 수행하다 최후에 만난 보현보살님으로부터
10대 행원을 전해 들은 거룩한 법문입니다.

의상조사 백화도량 발원문

삼가 머리 숙여 귀의하옵니다.
대자대비하신 관세음보살님의
위대하신 깨달음의 세계를 살피옵고
또한 이 제자의 본래 밝은 성품을 살피옵니다.

스승이신 관세음보살님의 영원하신 모습은
저 하늘의 밝은 달이 강물마다 비치듯이
거룩한 상호로 장엄하시건만,

어리석은 이 제자는
허공 속의 꽃과 같이 허망한 이 몸뚱이에 집착하여
마침내는 무너질 육신과 이 육신이 의지하여 살아가
는 국토를 관찰하오니,
차별이 있고 끝이 있어서
깨끗하고 더럽고, 즐거웁고 괴로움이 큰 차이가 있
나이다.

그렇지만 어리석은 이 제자의 몸과 마음이
저 성인의 완전한 깨달음의 경지를 떠나지 아니하니
이제 관세음보살님께 지극한 마음으로 귀의하옵니
다.

제자의 마음거울 속에 계신
관세음보살님을 우러러 발원하오니,

거룩하신 힘으로 보살피고, 가피를 내려주옵소서.

바라오니 이 제자는 세세생생
관세음보살님을 가장 높은 스승과 성인으로 모시겠
습니다.

관세음보살님이 지극한 정성으로
아미타 부처님을 이마 위에 이고 받들듯이,
저도 또한 관세음보살님을 높이 모시고 받드옵니다.

관세음보살님께서 과거에 수행하실 때 세우신
열 가지 큰 서원과 여섯 가지 진리의 회향과
천 개의 손, 천 개의 눈으로 모든 중생 보살피듯이

저도 또한 대자대비심을 갖추어서
이 세상과 저 세상에서
몸을 버리거나 몸을 받는 곳마다
항상 보살님의 설법을 듣고
중생을 위한 참된 가르침을 함께 따라 돕고 거들렵

니다.

모든 세상 온갖 중생이 다 함께
보살의 이름을 생각하게 하고
신비한 대비주를 외워서
다 같이 원통삼매의 성품 바다에 들어가기를 원하옵
니다.

또한 바라옵건대,
제자의 이 몸이 다하여 다음 생에 태어날 때
관세음보살님께서 큰 빛을 놓으셔서
저를 친히 끌어 주옵소서.

그래서 모든 두려움을 멀리 떠나
마음이 편안하게 해 주시고
한 순간에 흰 연꽃으로 장엄된 백화도량에 왕생하여
여러 보살님들과 더불어 바른 진리의 법을 듣고
진리의 흐름에 들어
생각마다 묘한 지혜가 더욱더 밝아져서

부처님의 완전한 깨달음의 세계에 들게 하옵소서.

지극한 마음으로 발원을 마치오며
이 목숨 바쳐 관세음보살님께 예배드리옵니다.

나무 대자대비 관세음보살마하살

영주 부석사 무량수전의 아미타부처님(국보 제45호)

관음예문 발원문

시방삼세에 두루하사 항상 계시는 청정법신 비로자
나(아미타) 부처님과 대자대비 관세음보살님, 대원본
존 지장보살님께 우러러 고하오니 자비하신 보살피
심으로 거두어 주옵소서.

불법과의 지중한 인연으로 닦아온 바 모든 공덕을
법계에 회향回向하오며 재시財施, 법시法施, 무외시無
畏施의 세 가지 아름다운 보시행과 보시 지계 인욕
정진 선정 지혜의 여섯 가지 바라밀행을 무궁토록
닦고, 장차 관음 · 지장보살님의 행업을 실천할 수
있도록 가피加被를 드리우소서.

비로자나 부처님의 대 지혜 광명이 두루하사 법륜이
상전常轉하여 지상의 모든 생류와 육도의 중생들이
미혹의 굴레를 벗어나서 하루속히 깨달음의 저 언덕

에 이르게 하시옵고 나라가 평안하여 국민이 안락하며 온 세계가 극락정토가 되도록 굽어 살피소서.

이 관음예문이 널리 두루하여서 만 중생이 불보살님의 가호를 입사와 몸과 입과 마음으로 지은 모든 업장이 소멸되오며 불법에 대한 신심이 더욱 견고하여 속히 정각을 이루어 법계의 모든 중생들을 피안彼岸으로 인도할 수 있도록 힘을 더하여 주시옵소서.

자비하신 불보살님이시여!
상세선망上世先亡 부모님과 소납小衲과 인연이 있었던 모든 영가님과 시방十方의 모든 낙태아 영가와 법계의 유주 무주 고혼과 철위산간의 오무간五無間 대지옥에서 무량 고통 받는 일체 함령 등이 불보살님의 가피를 입사와 삼계三界의 윤회 고통을 벗어나 극락세계의 상품연대上品蓮臺에 왕생하여지이다.

영원하신 불보살님이시여!
이 책의 인쇄출판과 지송봉행과 회향발원에 수희동

참하고, 화주·시주가 되며 바라만 보고 손끝만 스친 인연이라도 죄업이 가벼워지고 소멸되어서 장차 선근善根의 인연이 증장하여 필히 연화장蓮花藏 세계의 주인이 되게 하소서!

어리석은 이 제자 미래제未來際가 다하도록 관음보살의 후신後身이 되고 지장보살의 동체가 되어 보현보살님의 열 가지 광대한 원을 행하여 중생계가 다하도록 업고業苦 중생을 남김없이 제도하기를 서원하오니, 관음·지장보살님이시여 가피加被하소서!

법계에 두루하신 불보살님이시여! 법계 일체 생류가 아미타부처님의 장엄한 연화장세계에 다 같이 노닐게 되어 항상 불보살님을 뵈오며 부처님의 큰 광명을 받아 무량죄업을 소멸하고 대지혜를 밝혀 위없는 바른 깨달음을 얻어 제불 보살님의 수승한 대자비행 이어받아 가없는 중생 모두 제도하여이다.

마하 반야바라밀 나무 석가모니불

십선계 十善戒
(열 가지 선행의 마음가짐)

첫 번째 마음가짐으로,
생명을 죽이지 않겠습니다
생명을 사랑하겠습니다

두 번째 마음가짐으로,
훔치지 않겠습니다
아낌없이 베풀겠습니다

세 번째 마음가짐으로,
사음하지 않겠습니다
바르게 깨끗하게 살겠습니다

네 번째 마음가짐으로,
거짓말하지 않겠습니다

말을 바르게 하겠습니다

다섯 번째 마음가짐으로,
꾸밈말 하지 않겠습니다
말을 바르게 하겠습니다

여섯 번째 마음가짐으로,
이간질 하지 않겠습니다
말을 바르게 하겠습니다

일곱 번째 마음가짐으로,
악담하지 않겠습니다
말을 바르게 하겠습니다

여덟 번째 마음가짐으로,
과욕하지 않겠습니다
감사하는 마음으로 살겠습니다

아홉 번째 마음가짐으로,

화를 내지 않겠습니다
즐겁게 살겠습니다

열 번째 마음가짐으로,
잘못된 생각을 내지 않겠습니다
지혜롭게 살겠습니다

부처님의 이 열 가지 바른 가르침을
삶이 다하도록 잊지 않겠습니다

나무 석가모니불

내원암 복원불사 기도봉행

숙세의 인연으로 평생을 과분하게도 관세음보살님으로부터 큰 은혜를 입고, 10여년 전 관세음보살께서 세 차례에 걸쳐 상서로운 수행처를 보여주시며 '자리를 옮기라'는 뜻을 받아 찾은 곳이 지금의 내원암 자리였습니다.

오랜 옛터에 일칸실을 지어놓고 장작불을 지피며 10여년을 비로자나불 관세음보살 지장보살님과 꿈 같은 시간을 보냈으니, 이 감사와 지복至福은 다 말할 수 없습니다.

지난 10여년을 돌아보니, 관세음보살께서,
"나는 네가 열아홉 되던 때부터 30여년을 가르쳐 주었다. 때로는 너에게 사랑과 엄한 꾸지람을 보이며 네가 충분히 이해할 수 있도록 도왔다. 이제 너

를 지장보살님께 인도하니 지장보살님을 공경히 모
시며 가르침을 받도록 하라"며, 새로운 만남을 이어
주신 것이었습니다.

산길을 내고 숲 우거진 빈터를 닦아 머물게 되자
지장보살께서 무수히 몸을 보이시며 절절한 가르침
을 주셨으니 시절인연인가!

초목으로 우거진 '천장지비天藏地祕'이 터에 비로자
나불과 관세음보살 지장보살님을 정식으로 모시기도
전에 이미 먼저 자리에 오시어 앉으셨으니, 시기가
되었음을 보이셨습니다.

이제 이곳은 혼자만의 복락을 누리는 길지吉地가 아
니라 모든 이들이 온몸으로 환희를 느끼는 기도처로
만들어야 하기에 발원을 한 것입니다.

뜻을 모아서 사람들이 기도정진 할 수 있는 공간이
마련되면 연중 향화香花가 멈추지 않는 기도 도량이

될 것입니다.

앞으로 도로정비와 함께 도량불사가 원만해져서 삶
에 힘들어 하는 모든 이들에게 안락한 의지처가 되
도록 지장성지를 만드는 일과

한 명 한 명 모두가 지장보살이 되어서 사람들을
교화하는 일이 우리가 해야 할 일입니다

중생의 구제자, 보살이 되는 것은 가장 아름다운 회
향입니다.

마곡사 내원암에 모셔진 비로자나부처님과 관음보살님, 지장보살님.

中国佛教文化研究所 北京广化寺造制 佛历二五四七年七月□

4. 구도기와 불보살 감응록感應錄

부처님을 친견하고 출가하다

시방삼세의 제불보살님이시여!
부처님께옵서는 우주법계에 충만하시어

중생들의 간절한 부름에 따라 법신을
나투시옵고 크나크신 중생구제의 원력과
대자비로 만생명들에게 사랑과
행복을 주시옵니다.

어리석은 소납을 제도하시고자 베풀어 주신
끝없는 사랑과 자상하신 자비로움을
많은 이들이 불법을 이해하는데 있어
도움이 되도록 하고자 하옵니다.
친히 증명하소서!

시방의 부처님께 목숨바쳐 귀의하옵니다.
부처님의 가르침에 목숨바쳐 귀의하옵니다.
시방의 보살승께 목숨바쳐 귀의하옵니다.

열 아홉 살 때 겨울 어느 날(1976년 12월) 부모님께
서 평소 참배하셨던 하남시 금단산의 석은암이라는
절에 얼마간 머물게 되었습니다. 산 정상을 한번 돌
아오리라 산 중턱 쯤 갔다가 평풍 같이 반듯한 커

다란 바위를 보았는데, 바위 위쪽의 노송이 아래로
드리우고 있는 좋은 곳이었습니다.
문득 머리에 스치는 것이 있었습니다.

암자로부터 근 100여 미터 높은 곳에 위치한 이곳
에서 "기도를 해보자"라는 생각이 들었습니다. 어느
누가 권하지도 아니한, 그것도 기도라는 것이 무엇
인지, 어떻게 해야 하는 것인지도 모르는 채, 갑자
기 어떤 마음을 일으켜 그와 같은 행동을 하게 되
었는지는 내 자신도 모를 만큼 무언가 모르게 불보
살님께 접근해 가고 있는 것 같았습니다.
곧바로 바위 아래 편편한 반석들을 옮겨서 단을 만
들어 놓고 절에도 말씀 드려 향로와 다기를 마련했
습니다.

순수히 부처님을 향한 일념과 믿음으로 불경을 한
장 한 장 넘겨가며 예불과 경문을 모신 후 마음속
의 소원을 드렸습니다. 그 소원은 일체 중생들이 속
히 부처님께 귀의하여 괴로움의 바다에서 벗어나기

를 발원한 것이었습니다.

비록 삭발염의 한 것도 아니요, 계를 받지도 아니한 초발심 불자이지만 "오직 나의 스승은 부처님이시다"라고 생각했고, 수계를 아니 해도 이미 마음으로 "나는 부처님의 제자"라고 굳혔습니다. 매사를 부처님을 의지하여 생각하고 행동하니 마음도 차츰 고요함을 느끼게 되었습니다. 꾸밈없이 믿는 마음으로 한겨울의 맑고 차가운 공기 속에서 커다란 바위를 앞에 놓고 목탁소리를 반주 삼아 염불하니 마음속 깊이 희열이 가득했습니다.

어느 날 새벽, 온통 눈덮힌 산중. 눈 속 수북한 낙엽 끌어모아 방석 삼고 무릎 꿇어 향불 밝히고 예경 염불하였습니다. 온몸이 얼어버릴 것 같은 추위이건만 마음만은 상쾌했습니다.

마침내, 지성이면 감천이라는 말이 현실이 되었습니다. 나의 평생에 다시는 이와 같이 기쁘고 감격스럽고 영광스런 날은 과거에도 미래에도 없을 것 같은 날이 새벽 1시경 실현되었습니다.

몽중에 소납이 석은암 방에 있었는데, 세 분의 부처님께서 오셨습니다. 공중에서 어느 누가 이르기를, "네 앞에 계신 분이 극락세계 부처님이시니라"는 말씀이 우렁차게 들리는 것이었습니다.
곧이어 부처님께서 하시는 말씀이, "이제는 절을 받아야지" 하시면서 나의 앞에 단정히 정좌하셨습니다.

순간, 형언할 수 없이 치솟는 환희심으로 부처님께 오체투지 예배를 올리어 마치니 잠시 후 세 분 부처님께서는 아무 말씀 없이 밖으로 나가시어 계셨습니다.

그런데 세 분 중 유난히 깨끗하고 흰 옷으로 전신을 둘러 입으신 분이 오른쪽으로 서 계셨는데, 급히 따라 나가 땅을 덮고 있는 부드러운 흰 옷자락을 무릎 꿇고 두 손으로 꽉 움켜 잡았습니다. "저도 부처님을 따라 가겠습니다." 말씀 드리고 나서 발을 보니, 급히 뛰어 나가는 바람에 신을 신지 않았습니다. 얼른 신발을 신고 돌아서니 불보살님께서는 보이지 않았습니다.

바로 꿈을 깨고 나니 실로 생생한 순간이었습니다. 난생처음으로 그렇게 역력분명하게 부처님을 친견하고 부처님께서는 이 몸의 예배를 받으셨으니, 그 기쁨은 이루 말할 수 없었습니다. 가슴이 터져나갈 듯한 기쁜 감정이 허공을 채웠습니다.

이 마음속 가득 충만한 환희, 그 기쁨은 인간으로서 느끼는 단순한 환희가 아니었습니다. 한순간에 그 모든 것이 이루어진 크나큰 정신적 성취였습니다. 이 꿈은 꿈이 아닌 실제이기 때문입니다. 오로지 순수하게 부처님을 향한 믿음으로 성취한 것이기 때문입니다. 부처님이라는 위대하신 분께서 실제로 존재하심을 열아홉에 체험했기 때문입니다.

소납은 새벽에 또다시 올라가서 예경을 올리고 내려
왔습니다. 간밤의 경이로운, 생생한 꿈의 사실을 그
곳에 계신 분께 말씀드렸더니, "너의 지극한 마음이
하늘에 닿았다. 훌륭하구나, 훌륭하구나." 하셨습니
다.

기도가 무엇인지, 어떻게 하는 것인지 전혀 모르면
서도 그저 꾸밈없이 순수하게 부처님을 향하길 보름
간, 온 몸이 얼어붙을 한겨울 새벽 산속 바위 앞의
염불기도, 그 시간은 내 생애 최고의 시간이요, 헛
되지 않았습니다. 내 어린 마음속 깊이 아로새겨진
부처님의 현신을 이후로도 계속된 불보살님 친견과
가르침으로 나의 정신 속을 부처님 세계로 채워갔습
니다.

당시는 꿈속의 세 분이 어느 분이신지 자세히 알
수 없었으나, 이후 흰 옷 입고 계신 분이 관세음보
살이시란 걸 알게 되었고, 가운데 계셨던 분은 아미

타불이셨으며, 왼쪽에 계신 분은 대세지보살이셨음
을 알게 되었습니다.

나의 신심은 더욱 견고해졌고, 누가 이 마음을 흩어
버릴 수 없었습니다. 눈에 보이고 귀에 들리는 모든
현상들이 참다운 실체가 아니란 걸 이해하고 나니,
오직 가야할 길은 부처의 길, 곧 진리의 길이었습니
다. 그 길은 출가승이 되어 유·무와 시·공을 초월
한 넓고도 넓은 세계에서, 영원무궁토록 대자유의
법계에 노니는 것이었습니다.

　　시원하고 감미로운 청풍淸風과 맑은 공기
　　진리를 노래하는 산새들, 벗이 되고
　　세간의 진애 묻지 아니한 청청함으로
　　무지無智의 중생을 일깨워 주시네.

　　희어 눈부신 청량월, 허공을 비추시니
　　맑은 한 밤의 고요함, 만상萬相이 쉬었구나.
　　부동적적不動寂寂한 한 없는 경계

부처님의 큰 깨달음 그대로 보여주시네.

억만년토록 변함없는 청산靑山이시여!
계곡물 푸른 산 부처님의 전신全身이시네.

극락세계 삼존불을 친견한 후 다른 일로 더 이상
산중기도를 하지 않았으나 마음속은 늘 부드럽고 우
아한 흰 옷 입으신 백의 관세음보살님께서 자리해
계셨습니다. 서울 집에 있을 때도, 밖을 다닐 때도,
절에 있을 때도 늘 관세음보살님과 함께 하였습니
다.

그러다가 얼마 지나지 않아서 다시 부처님을 친견하
게 되었습니다. 웬일인지 스님들과 똑같은 복장을
하고 있는 것이었습니다. 삭발한 차림에 긴 장삼과
대가사를 수하고, 목과 손목에는 염주와 단주가 걸
려져 있고, 손에는 목탁이 잡혀져 있었습니다. 그리
고는 큰 산의 꼭대기로 올라갔습니다.

넓은 상봉에 커다란 법당이 있어 들어가니 큰 법당 중앙에 아미타불 관세음보살 대세지보살께서 단정히 앉아계셨고, 양 옆으로 대보살님들께서 나란히 서서 계셨습니다. 환희심에 뛸 듯이 기뻐하면서 부처님 전에 예를 다하여 오체 투지 절을 올렸습니다.

"전생에 스님이었던 것인가? 이번엔 완전한 스님의 모습을 갖추고 산 정상에서 불보살님을 뵈었으니."

측근의 사람에게 이 생생한 꿈을 말씀드렸더니, "반드시 출가 입산해서 스님 될 꿈이다"라고 했습니다. 전혀 생각지 않았던 스님 복장을 갖춘 꿈을 계기로 이젠 마음속으론 그 무엇도 생각할 것이 없었습니다. 오히려 어서 빨리 큰 절로 들어가 스님이 되고 싶었습니다. 절에 계시는 스님네 모습을 생각하면 더욱 좋았고, 스님들께서 너무도 숭고스런 존재로 여겨졌습니다.

초발심 시절, "스님"은 동경의 대상이셨습니다.

늘 언제고 부처님을 생각했습니다. 관세음보살님을 향한 마음은 더 하였습니다. 자주자주 부처님과 관세음보살님을 뵈었습니다. 아니 불보살님과 늘 같이 있었습니다.

어느 때 몽중에 깊은 산사를 찾아갔습니다. 이번 역시 깨끗하고 우아한 흰 옷을 입고 계신 관세음보살님께서 홀로 앉아계셨습니다. 그런데 관세음보살 주위가 금빛으로 방광하시므로 보살님 앞에 나아가 호궤합장하고 법문해주시길 청하였습니다.

"원컨대 법문 한 말씀 주옵소서." 하고 말씀 올리니, 관세음보살님께서 이르시길, "거북이가 느리지 않느냐… 법문 끝났다." 하시며 더 말씀이 없으셨습니다. 스스로 생각하길, "서두는 일 없이 꾸준히 꾸준히 흐르는 물처럼 끊임없이 정진하라."는 뜻으로 받아들였습니다.

화엄경 입법계품에, 보현보살께서 열 가지 크나큰

행원 가운데 선재동자에게 말씀 주시길, "만 허공 중생을 제도하기 위해 보살은 마땅히 대비심으로 중생을 따라줌으로 고락을 함께 하신다. 보살은 이같이 중생을 따라주니, 허공계가 다하면 나의 중생 따라 줌도 다할 것이지만, 허공계와 중생계가 다 할 수 없기에 나의 중생구제는 영원히 끝나지 않는다"고 하신 것처럼, 중생구제라는 머나먼 길로 들어선 대발심 수행자는 급히 서둔다 해서 중생구제가 끝나는 것이 아니니, 허공 같은 세월을 중생과 함께 하며 영원히 중생 곁을 떠날 수 없는, 부처님의 심부름을 당부 받은 사람이기 때문이라 생각하였습니다.

또 얼마 후, 부처님을 뵈었습니다. 법당 안으로 들어갔는데 웬일인지 다섯 분의 불보살님께서 상단 아래로 내려앉아 계셨습니다.
석가모니 부처님 앞에 나아가 절 올리고 무릎 꿇고 앉으니 경문 한 권을 펴 보여주셨는데, 자세히 들여다 보니 범서梵書(인도 글자)여서 무슨 내용인지 알 수가 없었습니다. 잠시 후 석가모니 부처님께서 경

전을 접어 거두시는 것이었습니다. 너무나도 친절하시고 자상하신 모습이었습니다.

암자에 있었던 근 일년 간, 틈틈이 불경을 접하고 신심을 북돋워 인생의 덧없음과 만물의 견고하지 못함을 깊이 느끼는 계기가 되었습니다.

"가없는 허공계에 원인과 조건이라는 인연에 따라 나타난 우주만유는 그대로 뜬 구름 같은 존재들 아닌가! 있다고 여겨서 있는 것도 아니요, 없다고 여겨서 없는 것도 아니니, 무엇을 기준 삼아 있다 없다 할 수 있으리! 보이고 들리는 현상들이 실제로 있는 것이 아니라 단지 중생 의식 속의 있음과 없음 뿐인 것을!"

법계의 중생들이 진리를 깨닫지 못하고 현상계에 미혹하여 받는 괴로움은 끝이 없기에, **자비의 배로서 모든 중생을 삼계三界의 화택火宅으로부터 다시는 괴로움이 없는 극락정토에 인도하는 일대사업은,** 진정

중생구제의 선봉장이신 문수, 보현, 관음, 지장보살 같은 분들처럼 되어야하기 때문이다 생각했습니다.

예사람이 말씀하시길,
"세상 사람이여!
욕망을 쫓아 즐거워하는 자여!
알지 못하는구나. 즐거움 자체가
괴로움의 씨앗이 된다는 것을!"

하였듯, 태허공 속 모래알같은 세계가 무엇이고 어떤 것인지 분명히 깨달아야 합니다.

그러는 가운데, 어느 날(1977년 초겨울) **백의 관세음보살님께서 흰 종이에 글씨는 써주시면서 "영남으로 가라"** 하셨습니다. 이제 출가하거라. 너의 길로 걸어가라는 확연한 느낌으로 다가왔습니다.

출가 전 부모님과 집안을 위해 집에서 3일간 관음기도를 올렸습니다. 부모님의 건강과 집안의 평안이었습니다. 그리고 부모님께 말씀 올렸습니다.

"세상사 일체가 시시때때로 변천하여 믿고 의지할
것이 없으니, 무엇을 즐기고 무엇을 기뻐하겠습니
까? 눈앞에 즐겁게 펼쳐지는 모습들이 사람의 마음
을 흐뭇하게 하지만 이 즐거움은 극히 짧은 시간일
뿐 영원하지 못합니다. 즐거움이 영원히 지속된다면
근심이 없을 것입니다. 그러나 즐거움 자체가 괴로
움의 근본이 되니, 오로지 부처님의 가르침을 따라
나고 죽음의 고통을 벗어나는 것만이 가야할 길입니
다.
불과 일백년도 안 되는 짧은 세월 내 이 자리의 가
족들은 흔적조차 없고, 스스로 각자 지은 인연과 업
을 따라갈 것입니다. 이제 저는 부처님을 따라 출가
입산하겠습니다. 반드시 불법을 성취하고 부모님과
만중생을 극락으로 인도해 드릴 것입니다."

오로지 부처님을 믿고 의지하셔서 극락왕생 발원하
실 것을 간절히 말씀드렸습니다.

출가하는 날(20세, 1977년 초겨울)

"장한 일이다. 모름지기 열심히 해서 큰일을 성취하거라. 부디 잘하거라." 하시며 출가를 기쁘게 허락하신 부모님의 말씀을 잊을 수 없습니다.

관음보살께서 화엄경을 주시다

신유년 여름, 그러니까 1981년 음력 7월 17일부터 7월 24일까지 합천 해인사 길상암에서 관음기도를 드렸습니다.

기도의 동기는 이러했습니다. 해인사 강원시절 사집 과목을 배우고 있을 때였습니다. 자연스럽게 불자님들 여러분을 만났는데, 그분들 중 두 분 보살님은 형제자매 사이로 신심도 좋으시고 형제간 남달리 우야가 깊어보였습니다.

언니 되시는 보현성 보살님께서 동생 광명화 보살님을 위하는 마음으로 소납과 함께 관음기도를 드렸으면 하고 청하였습니다. 광명화 보살님이 오래 전부터 어딘지 모르게 몸이 좋지 않아 불편하였기 때문이었습니다. 아무튼 광명화 보살님의 병고 때문에 많은 약과

병원을 찾아도 보았고, 병 나을 갖은 노력에도 힘든 몸은 그대로였다는 것이 었습니다.

이러한 자세한 말씀을 듣고 "시간을 내서 일주일 관음기도를 드려보십시다." 말씀 드리고, 그해 하기 방학을 맞아서 조용한 산내 암자인 길상암에 양해를 구하고 예정대로 기도에 들어갔습니다. 마음을 가다듬어 지은 업을 남김없이 참회하고, 아울러 속히 깨달음을 얻어 광도 중생할 것을 부처님 전에 서원하였습니다.

"나는 지금 불자님들의 기대를 안고 7일 관음기도에 임한 것이다. 20년간을 수처에서 병 나을 발원을 하고 묘방을 써 보아도 쾌차하지 않아, 또다시 부처님께 의지하고 계시니 오로지 간절히 기도 드리면 관음보살의 신묘한 가피가 계시리라. 반드시 부처님의 원력으로 쾌차되리라"는 확신을 가지고 초발심 시절 친견했던 백의 관음보살님을 떠올리며 굳은 마음으로 하루하루 해 나갔습니다.

3일째 되는 날, 잠시 쉬는 시간에 광명화 보살님께서 말씀하시기를 "전날에 많은 기도를 했어도 어려웠는데, 저로서는 일주일이 너무 짧은 것 같습니다." 하시길래, "열심히 해봅시다." 하고는 그날 철야기도로 정진하였습니다.

"관음보살님이시여, 굽어살피소서! 저 중생을 돌아보시지 않으신다면 구제 받을 길이 없나이다. 오직 자비광명이 계시리라 확신하나이다."
무사히 7일 기도를 회향했습니다.

기도회향 3일 후 광명화 보살님께서 해인사 큰절로

찾아오셨습니다. 좀 어떠시냐고 여쭈니,

기도 마친 후 집에 돌아가서 조용히 앉아 관음보살을 생각하면서 기도하니, 관음보살께서 말씀하시길 "너의 병고가 이제 나았느니라. 나는 관음이니라." 하셨다는 것입니다.

과연 기도 후 그토록 괴롭혔던 병고가 사라지고 또한 꿈이 아닌 생시에 관세음보살님의 뜻을 전해 받는 가피를 얻게 되었습니다. 광명화 보살님의 말씀을 듣고 "관세음보살님께서 중생을 위해 대자비를 베푸셨습니다."하고 감사드렸습니다.

얼마 후인 1981년 양력 9월 10일. 광명화 보살님께서 해인사로 다시 오셨습니다. 환한 얼굴로 말씀하시길, 집에서 기도를 모셨는데 관음보살께서 말씀을 전하시더라는 것이었습니다.

"화엄경을 구입해 항순스님을 찾아가라. 항순스님과 너는 나(관세음보살)만이 아는, 아주 깊은 인연이 과거생부터 있었느니라. 금생에 또 이렇게 만날 줄이야."

하시면서 "항순스님이 공부할 수 있도록 네가 마련
해 주어라"라고 하셨다는 것입니다. 그래서 광명화
보살님께서는 나의 뜻도 알아보지도 않으시고, 대구
시내의 불교전문서점 '적선사'에서 당시 40만원이나
하는 마흔일곱 권으로 된 탄허 큰스님 번역본 화엄
경을 5만원에 계약하시고는 계약서를 보여주시는
것이었습니다.

이 말씀을 듣고는 순간 눈물이 맺혔습니다. 꿈 속이
아닌 생시에 관세음보살님의 뜻을 받으시고, 더욱
분명한 것은 "화엄경을 사서 항순스님에게 가라"고
하신 것입니다. 오로지 7일동안 보살님의 쾌차만을
위해 기도하는 가운데 "화엄경을 구입해야 하는
데…" 이런 생각이 두어 번 들었던 것 같습니다.

이듬해 경반에 올라가면 화엄경이 필요했기 때문이
었는데, 관음보살님께서 소납의 마음을 살피시고 광
명화 보살님을 통해 화엄경을 내려주셨던 것입니다.

"대자비 관음보살님의 이 막중한 은혜, 이몸 가루가
된들 잊을 수 있겠나이까?"
아! 관세음보살 관세음보살……

무작無作 무위無位의 가르침

초발심시절부터 관음보살님의 깊은 은혜 속에 지내
온 나날들!
아이가 어머니 품에서 마냥 편안하게만 성장하는 것
처럼 소납 또한 관음보살님과 산사山寺라는 이상적
세계의 안락함 속에 가슴속 깊이 풍요함으로 채웠습
니다.

20세 때 "영남으로 가라"는 관음보살님의 말씀대로
22세부터 4년간 해인사 강원(승가대학)에서 많은 대
중스님네들과 함께 큰절생활을 하게 되었습니다. 물
고기가 물에서 자유롭고 새는 창공에서 활기차듯,
절집생활은 소납에게 있어 떨어질래야 떨어질 수 없
는, 아니 부처님과 떨어진다는 것은 영원히 있을 수
없는 나의 정신세계이기에 평생 즐겁습니다.

해인사 승가대학 4학년 지낼 때(1982년 25세)였습니다. 관세음보살님께서 "無 作 無 位"라는 네 글자가 씌어 있는 두루마리 족자를 쭉 내려 펴 보여주셨습니다. 석가모니 부처님께서 45년간 고구정녕히 설해 주신 우주법계의 실상, 팔만대장경의 가르침을 단 넉자로 함축하여 보여 가르쳐주신 것입니다.

'무작無作'은, 마음을 일으켜 번뇌망상을 짓지 말라는 말씀입니다. 삼계의 사생육도 중생들이 받는 괴로움은 '일심'의 동요로부터 시작되니 욕망과 집착을 떠나 흔들림 없어야 함을 보이셨습니다.

'무위無位'라는 한마디의 가르침은 우주의 실상을 그대로 드러내신 말씀입니다. 법계의 만상萬相은 지위 고하가 없는 대평등 무차별의 진리임을 가르쳐 주셨습니다.

무작·무위는 허황된 인식에서 벗어나야 한다는, 짧지만 강력한 메시지입니다.

관음보살님으로부터 "無作無位"의 가르침을 받사
옵고 게송 지어 바치옵니다.

관음시교어작야 觀音示教於昨夜
백의 관음보살께서 어젯밤 보여 가르쳐 주셨네

무작무위시사자 無作無位是四字
지음도 없고 지위도 없다 하신 이 네 글자로세

차외무법막추심 此外無法莫追尋
이 넉자 외에 따로 법이 없으니
밖을 향하여 찾지 말라

운비겁전월조허 雲飛劫前月照虛
업의 구름은 허공 밖 겁 전으로 날아가
마음달만이 대천세계를 비추네.

관음보살께서 기도처를 일러주시다

해인사승가대학 졸업 약 3개월 전(1982년 11월), 경학을 마치면 전국의 어느 좋은 기도처에 가서 100일 관음기도를 모시리라 뜻을 내고 수일간 생각하였더니, 어느날 몽중에 큰 산의 골짜기를 따라 들어갔습니다.

그런데 산 속 저만치서 상서로운 흰 구름이 꿈틀거리며 일더니 집채만한 바윗덩이 주위를 감싸 올리는 것이었습니다.
이윽고 흰 구름에 감싸여진 큰 바위가 떠올려져 서서히 전면까지 다가와 자세히 보니, 한자로 "八公山"이라는 선명한 글자가 새겨져 있었습니다.
기도할 장소를 팔공산으로 하라고 관세음보살님께서 분명히 보여주신 것입니다.

쉬는 시간을 내서 팔공산 동화사 일대 산중 기도처 암자 등을 두루 찾았습니다. 기도 모실만한 적당한 곳이 보이지 않았습니다.

다시 영천 은해사 큰 절로 들어가 산내 암자 등 기도처를 두루 찾았습니다. 산을 넘어 거조암까지 팔공산 일대를 다녔으나 쉽게 기도처를 찾지 못하자, 은해사 주차장에서 버스를 타고 나오다가 채 3분도 못돼,
"아! 바로 저기다."
전광석화처럼 기도처가 떠오르는 것이었습니다.

은해사 큰 절에서 위쪽으로 2㎞ 넘게 떨어진 곳에 위치해 있는, 아담하고 조용한 운부암雲浮庵이라는 곳이었습니다. 단아한 옛 법당에 고려말 조성된, 온 몸에 보배영락을 걸치시고 너무도 뛰어난 관음존상 이 계신 곳입니다.
분명 이곳을 지나 거조암까지 걸어갔었는데, 어찌 몰랐단 말인가!

운부암 관세음보살님(보물 514호)

상서로운 흰 구름(雲)이
바윗덩이를 감싸 들어 올려(浮)
내게로 다가온 그 모습 자체가

구름 운雲, 뜰 부浮,
운부암이었던 것입니다.
현몽에서 보여주신 그 자체가 운부암인 것을 수일간
팔공산 일대를 찾아 헤매다 깨달았으니, 중생의 지
혜 없음이여!

후일에 운부암 관음존상을 재현해 조성하여 모시고
지내게 되었으니, 관음보살님의 끝없는 사랑이십니
다.

지옥의 참상을 보여주시다

소납은 평생을 불보살님의 지대한 사랑과 은혜를 입었으며, 한 중생에게 쏟아 부어주신 어머니의 연민 같은 큰 자비는 진리의 품으로 들게 하셨습니다. 아미타불 관세음보살 지장보살님께 대한 믿음과 귀의는 지극합니다.

대비 관음보살님의 위신력으로 명부(저승)세계를 보게 되었습니다. 관음보살님과 함께 있었는데, 저 아래쪽을 가르키시어 바라보니 지옥세계가 펼쳐졌습니다. 확탕지옥鑊湯地獄(끓는 물에 삶기는 극심한 고통을 받는 지옥)이었는데, 펄펄 끓는 물속에서 부지기수의 죄인들이 극심한 고통으로 울부짖는 모습과 비명이 들려왔습니다.

관음보살께서 말씀하시길, "무거운 죄업으로 저 속의 과보를 받는다" 하셨습니다.

이윽고 염라청으로 내려가 염라대왕과 마주하였는
데, 높고 넓은 평상 앞에 관복차림의 염라왕이 중앙
에 근엄히 앉아계셨고 좌우에는 금강역사와 귀졸 등
많은 권속이 서 있었습니다.

넓은 평상 앞 정면에 서서 대왕께 물었습니다.
"죄를 지어 이곳에 오면 사赦(용서)할 수 있습니까?"
하니,
염라왕 이르시길, "안되느니라"는 단 한 마디였습니
다.

넓은 평상 위에는 문서가 높이 쌓여 있었는데, 그 중 나의 성명이 적힌 문서를 펼쳐 보여주시니 이제까지 살아오면서 지냈던 낱낱의 행위가 그대로 기록되어 있었습니다.

뒤쪽을 바라보니 끝이 보이지 않는 많은 사람들이 뒤를 이어 순서를 기다리고 있었습니다. 잠시 후 죄인 처결 장소로 갔는데, 거대한 창고문이 열려지면서 그 안을 가득 채우고 있는 온갖 형벌기구가 눈앞에 펼쳐졌습니다.

이 세상에서 본 적이 없는 그런 기구들이었습니다. 그 옆쪽에 이미 생전 죄업의 경중에 따라 결정된 죄인들이 처결되고 있었습니다. 보통사람보다 훨씬 더 큰 키에 험상궂고 온 몸이 울퉁불퉁한 육중한 근육을 드러낸 금강역사 2인이 죄인의 양팔을 움켜잡아 있고, 다른 1인의 금강역사가 왼손에 돌 깨는 쇠정과, 오른손에 큰 쇠메를 들고 있었습니다.

곧이어 죄인의 정수리에 쇠정을 대고 오른손의 큰 쇠메로 내려치니 머리가 터지면서 솟는 붉은 피가 분수 같았습니다.

처처가 통곡소리로 울부짖는 참혹한 광경을 보고 다른 쪽으로 이동하니, 이곳은 이미 여자 죄인을 처결하였는데 배를 난도질하여 땅바닥에 흥건한 피와 끌려나온 창자, 극심한 고통으로 앉은 채 손으로 바닥을 움켜 파고 있었습니다.
너무 고통스러워하여 위로하고자 어깨에 손을 대려 하니 머리를 흔들며 가까이하지 말라는 시늉이었습니다.

여기 저기 온통 아비규환의 참상을 목도하고 비통함이 치밀어, "관세음보살님 어찌 이런 곳이 있습니까, 이런 참혹한 세계가 어찌 생겼습니까?" 통곡하였습니다.

지옥의 참상은 중생들 스스로가 악심, 악행으로 만

든 세계입니다. 우주 만법의 근원인 이 마음을 잘못 쓰면 괴로움을 자초하는 도가니요, 선심하여 잘 쓰면 극락세계입니다.

하공 중에 나타난 현상계가 단지 원인과 조건에 의해 생겨난 허깨비임을 분명히 알아 욕심과 집착을 철저히 떠나야 합니다.

부처님의 세계는 끝없는 즐거움만이 있는 나라입니다. 지옥이 영원히 사라졌기 때문입니다. 텅 비어 맑은 허공같은 마음엔 그 무엇도 없습니다.

지장보살님의 통곡

과거 전생에 어떠한 불연佛緣과 복을 지었는지 알
수 없으나 평생토록 관음보살님과 지장보살님의 넓
고도 깊은 사랑을 받았습니다.

오로지 성불하여 중생을 제도하리라는 원력을 세웠
던 까닭일까요?
지장보살님께서도 자애롭고도 엄한 가르치심으로 이
끌어 주셨습니다. "일체 번뇌 망상을 제어하고 혼침
에 떨어지지 말라"는 당부이셨습니다.

욕망을 끊어 제어해야 한다 하심은, 이 **청정한 불성**
佛性(누구나 가지고 있는 부처의 성품)을 **회복하려면 '부**
동不動'이라는 흔들림 없는 경계에 들어야 된다는 말
씀이십니다.

인간의 의식 깊숙이 다섯 가지 욕망(식욕, 색욕, 수면욕, 재물욕, 명예욕)이 자리하고 있는데, 범부의 부질없는 망정妄情과 삿되고 바르지 못한 습관 등이 구름 걷히듯 사라져서 밝은 태양의 마음이 드러나야 한다는 것입니다.

또 혼침昏沈(잠)에 떨어지지 말라는 말씀은, 성불을 기약하는 수행자에게 잠을 극복하는 것이야말로 성인께서 당부하시는 제1의 가르침입니다.

다겁생래로 성불을 방해

하는 것은 수마睡魔(잠 마귀)보다 더한 것이 없기 때문입니다.
지장보살님께서 오로지 '잠'에 대해서 경각심을 주셨는데, 잠을 극복하여 영원히 깨어있는 청정불성을 회복하라는 당부입니다.

잠자는 것 자체를 허용치 않는 지장보살님의 가르침 속에, 잠을 이기지 못하자 한 번은 지장보살님으로부터 큰 꾸지람을 받은 적이 있습니다. '잠'에 대한 벌칙으로 마곡사 내원암에서 강원도 홍천까지 걸어서 갔다오라는 엄명을 받자옵고 걸어 다녀온 적이 있습니다. (2009.12.23.~2010.1.6.까지 14일간)

잠이 얼마나 성불을 가로막는 방해꾼인지를 철저히 보여주신 것입니다.
영겁토록 단 1초라도 혼침과 잠이 없는 완전한 깨달음, 부처의 정각正覺에는 오직 대광명 지혜일 뿐 어둠이 없기 때문입니다.

석가모니 부처님으로부터 도리천궁忉利天宮에서 지옥
과 육도六道 중생들을 제도하라는 부촉을 받으시고
중생계가 끝나는 영원토록 중생제도하시는 지장보살
이십니다.

7일을 걸어 강원도 횡성읍에 다달아 지장보살님을
친견하였는데, 지옥의 참혹한 모습에 지옥 문전 바
닥에 주저앉으시어 하늘이 무너지고 땅이 꺼질 듯한
우레같은 통곡을 하시는 것이었습니다.
허공을 흔드는 지장보살님의 통곡하시는 모습을 보
아야 하고, 들어야 합니다.

옛사람께서 "만 가지 악惡 가운데 음욕보다 더한 것
이 없다" 하였습니다.(만악음위수萬惡婬爲首)
그러나 칠흑漆黑같은 정신적 죽음의 상태인 잠은 더
욱 심합니다.

영겁을 관세음보살님과 함께

대비大悲 보살님께
간절히 사뢰옵니다

무량겁에 보살만행萬行을
닦으신 관세음보살님이시여!

십지보살十地菩薩의 성인 지위에 오르사
늘 아미타불의 극락회상에 계시옵고

중생 세간에 자비 광명을 놓아 주심에
보광공덕지존普光功德之尊이라 불리옵니다.

참고 견뎌 살아야 하는
사바娑婆의 근심을 멸해 주시므로
대비大悲보살이라 불리오며

보타락가補陀洛迦의 향기로운 동산에 몸을 나투시니
아름다운 비취색 머리칼은 실바람에 날리옵고
온 몸의 은은한 광채는 중생세간을 비추옵니다

자재한 신통력으로 열 두 얼굴을 나타내기도 하옵고
혹은 천수천안千手千眼의 위엄상을 보이시기도 하옵
니다

관세음보살이시여!

중생들 스스로 지어 받는 고통이
온 몸을 얽어 맬지라도

간절히 부르는 소리를 따르사
천만가지 재앙을 낱낱이 소멸시켜 주옵고

법의 구름 일으켜 진리의 감로 뿌리시어
오탁五濁의 중생계를 청량케 하옵소서

계·정·혜戒定慧의
"바르고 지혜롭게 살라"는 가르치심이

중생들의 찌든 업을 씻어
번뇌의 깊은 응어리를 풀어내게 되길 원하옵니다

자비의 화신化身 관세음보살이시여!

그리운 마음은
저 하늘끝 닿도록 사모하옵고

대비大悲 보살님의 무량공덕 찬탄하와
전단향 사뤄 불·법·승 삼보三寶님께 귀명하오니

바라옵건대
오색五色의 서기瑞氣 구름속
무량 복덕의 자비진용眞容 나타내 보이소서!

눈부신 보배 광명속
희디흰 법의法衣 걸치신
생명의 어머니 관세음보살이시여!

메마른 생명들에 진리의 감로 뿌리시사
중생들의 캄캄한 방황에 빛을 놓으소서

대비 보살님의 옥호玉毫 광명으로
열 가지 착한 마음이 생하고

감로법수甘露法水의 향기로운 덕으로
팔난八難의 쓰린 고통 모두 치유 되어이다

지심으로 예경 올리오니
온 도량에
서기광명瑞氣光明 충만하소서

나무관세음보살!

고성 금강산 건봉사 부도탑(육신등공기념)

아미타불 일념이 완전한 깨달음이다

1판 1쇄 펴낸 날 2021년 6월 3일
법문 향순스님
발행인 김재경 **편집** 김성우 **디자인** 최정근 **영업** 권태형 **제작** 경희정보인쇄
펴낸곳 도서출판 비움과소통
　　　　경기 평택시 목천로 65-15 송탄역서희스타힐스 102동 601호
　　　　전화 031-667-8739 팩스 0505-115-2068
홈페이지 blog.daum.net/kudoyukjung　**이메일** buddhapia5@daum.net
출판등록 2010년 6월 18일 제318-2010-000092호

경전을 수지독경하거나 사경하거나 해설하거나 유포하는 법보시는
한 사람의 붓다를 낳는 가장 위대한 공덕이 되는 불사입니다